JN065477

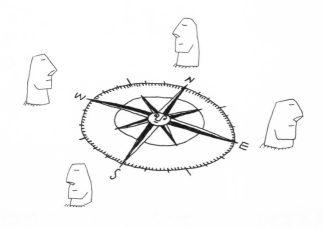

アフォリズムの底力_{そこぢから}

里中 哲彦／編著

PLACE プレイス

　本書は、名言、格言、金言、座右の銘といった枠には収まりきれ
ない、ファンキーな放言、クールな失言、シニカルな暴言、シュール
な迷言を収載したアフォリズム（aphorism）集です。「アフォリ
ズム」とは、教訓とすべき箴言（しんげん）であり、ものごとの真理を簡
潔に表現した警句です。それゆえ、ときに寸鉄人を刺す辛辣な至言
寸言を含みます。

　小著がいわゆる名言集と一線を画すのは、引用句辞典からごっそ
り抜き写しするのではなく、編者本人が渉猟した名言や箴言を日本
人の手によるものも含め、広く収載しているところです。また、暴
言や放言も数多く載せているという点においても、他の類書にはな
いものでしょう。

　英米文化を理解するうえで欠かせないのは、聖書、ギリシャ神話、
シェイクスピア、マザーグースなどに由来する知恵です。近現代の
著名人が残した名言名句ですら、それらを下敷きにしていることが
多いのです。時代を超えて受け継がれている言葉は、知恵の精髄で
あり、洋の東西を問わず現代を生きるわたしたちの行動指針です。

　とはいえ、それら名言にはどことなく生真面目で、説教くさい感
じが漂っています。じっさい古今東西の名言をあつめた本をひもと
いてみると、教訓めいた言葉や、しかめっ面をした表現によく出く
わします。その趣たるや、まるで道徳おじさんが胡坐（あぐら）をかい
て腕ぐみをしているかのようです。

　また、内容はというと、年輪を重ね、風雪に耐え、多くの心情を
通過してきただけあって、処世訓としてそのまま役立つものもある
いっぽう、そのあまりに経験主義的、優等生的、威圧的なもの言い
に、ときとしてソッポを向きたくなるものもあります。

いっぽう暴言は、反道徳的な言葉でもって常識をくつがえすことをみずからの役割と心得ているものの、手前勝手な論理と投げやりな態度はやはり不穏当としかいいようがなく、幅広い大衆の支持をあつめられないでいます。あたかもその風情たるや、ヘソ曲がりの唐変木が不貞腐れているといったところです。

　しかし、いうまでもなく、「驕（おご）れる者は久しからず」（Pride will have a fall.）です（驕れぬ者も久しからず、でもあるのですが）。暴言といえども、「昨日の非常識は明日の常識」が合言葉になっているこんにち、近い将来、名言に“昇格”する可能性がないわけではありません。いまは聞く者の神経を逆撫でるだけの軽口がしばらくの時を経て含蓄のある教訓に変わるかもしれず、皮肉をまとっただけの嫌味な陰口が次代を担う珠玉の名句になるかもしれません。

　本書には、そんなアフォリズムが438収められています。たとえあなたがヘソ曲がりであっても、あなたの支えになってくれるアフォリズムが二つや三つはあるはずです。「思考の糧」（food for thought）として、ぜひお役立てください。

　最後になりますが、人生の折々に数々のアフォリズムを小生に授けてくださった熊谷雅弘氏、英文の校閲をしてくださったキャサリン・クラフト（Kathryn A. Craft）さん、古文の知識をご教示くださった宮崎昌喜先生、瀟洒な本文イラストを描いてくださった杉本綾子さんに感謝いたします。

　また、本書の執筆を熱心にすすめてくださったプレイスの山内昭夫社長に深謝の言葉を捧げます。数多くのアフォリズムに出会うことで、私自身、自分の価値観に揺さぶりをかけることができました。

2020年11月

　　　　　　　　里中哲彦（さとなか・てつひこ）

目　次

第3章

第4章

第5章

第6章

〔付記〕

・引用には既存の邦訳を用いたものもあれば、新たに編著者（里中）が訳出したものもあります。また、旧漢字、旧仮名づかいのものは、現代の表記に改めた箇所があります。

・原文が日本語の英訳は訳者の名を記しましたが、記載がないところはすべて編著者の手によるものです。

第1章 「人生」の アフォリズム

1-1 現代人の「幸福」

幸福とはいかなるものなのでしょうか。

この問いに現代人はさまざまな回答を用意しています。物質主義者はモノに囲まれている生活に幸福を見いだしています。

📖 *Material things lead to happiness.*[1]
物質的充足こそが幸福につながる。

たしかに、モノに充たされた生活は幸福そうに見えます。
しかし、詩人はこう反論します。

📖 *The idea that material things lead to happiness belongs to someone who has never really thought about happiness.*[2]
物質の充足がそのまま幸福につながるという考え方は、ほんとうはまだ幸福について深く考えたことのない人のものである。

— 寺山修司 (1935-1983) 詩人

毒舌家は人間の本質を深く見据えて、以下のように定義しています。

📖 *Happiness is but another name for an agreeable sensation arising from contemplating the misery of another.*[3]
幸福とは、他人の不幸を見つめているうちに湧きあがってくる心地よい感覚である。

— Ambrose Bierce (アンブローズ・ビアス: 1842-1913) アメリカの作家

幸福は、他人との比較によって生みだされる感情だというのです。じっさい、他人の不幸に天使のような微笑を浮かべ、子猫を抱いたような幸福感にひたる者たちがいることは容易に想像できます。

哲学者は、そもそも幸福を追い求めることが不幸の始まりである、

と考えます。

📖 *The search for happiness is one of the chief sources of unhappiness.*[4]
　幸福の追求こそが、不幸の主たる源泉である。

　　　　　—Eric Hoffer（エリック・ホッファー：1902-1983）アメリカの哲学者

　幸福はこれまでさまざまに語られてきましたが、現代人は次のような考え方を支持しています。

📖 *Happiness depends on your disposition, not your circumstances.*[5]
　幸福は、境遇ではなく、心の持ち方である。

📖 *True happiness lies within you.*
　ほんとうの幸せは、あなた自身のなかにある。

　幸福は「外」にあるのではなく、自分の「内」にあるというのです。ならば、次の名句も心にとめておきたいものです。

📖 *There is no such thing as big happiness. Happiness is found in the little, everyday things.*[6]
　大きな幸福というものはないのだ。あらゆる幸福とは日常的なささやかなものにすぎない。

　　　　　—亀井勝一郎（1907-1966）文芸評論家

語句注

1. material things「物質的なもの」　lead to A「A につながる・A をもたらす」
2. belong to A「A に属している・A のものである」　**3**. but「ほんの（……にすぎない）」（副詞）　contemplate A「A を凝視する」　**4**. the search for A「A の追求」　**5**. disposition「心性・心の持ちよう」　circumstance(s)「（どうすることもできない）事態・境遇」　**6**. There is no such thing as A.「A などあるはずがない」（such A as B「B のような A」）

1-2 「自分」と「世界」の関係

　人生はつらく苦しい。苦難と葛藤で充満しており、煩雑と面倒であふれている——もしあなたがこのような考えにとらわれているとしたら、あなたは自分で勝手につくりあげた妄想の犠牲者になりかねません。

　この世の中には幸福な人と不幸な人がいる。ある人は幸せの星のもとに生まれつき、ある人は不幸せの星の下に生まれついている——かりにこうした思い込みを持っているとしたら、あなたの人生はまだ始まっていないのかもしれません。

　「幸福学」という学問があります。そこでは、次のようなことをわたしたちに教えています。

📖 *Happiness doesn't depend on what you have; it depends on what you think.*[1]
　幸福は、財産ではなく、思考のあり方で決まる。

　幸福な人は自分で自分を幸せにしているし、不幸な人はみずからを不幸だと思い込むような心の態度をとっているというのです。

　「世の中とは自分の心を映しだす鏡である」(The world is composed of mirrors that reflect your heart.) という人もいて、次のようなたとえ話を紹介しています。

　《ある寺院に鏡が*1,000*もある大きな広間がありました。ある日、一匹の犬がこの広間に迷い込みました。見ると、無数の犬が自分のほうを見ています。なんだ、こいつら！ その犬は鏡の中の犬に吠えかかりました。すると鏡の犬たちも同じように歯をむき出してうなり返したのです。そこで犬はもっともっと怒り狂って吠えました。それをくりかえしているうち、ついに

疲れ果てて死んでしまいました。

　しばらくして、別の犬がこの広間に迷い込んできました。そして、前の犬と同じように鏡の中の犬を見ました。うわあ、なんてたくさん仲間がいるんだろう。喜んだその犬はうれしそうに尻尾をふりました。するとどうでしょう。鏡の犬も同じように尻尾をふって歓迎してくれたのです！　すっかり気をよくしたその犬は意気揚々と広間を去っていきました。》

—『星からの宅配便』(ベルベル・モーア)

　敵意には反感が、愛情には好意が返ってくる。表情は心の窓で、あなたをとりまく世界はあなたの内面世界を投影しているというのです。

　世の中はあなたの心を映しだす鏡である、と考えてみましょう。不機嫌な顔をしていれば周囲はたちまち暗い雰囲気になってしまうし、心安らかな表情をしていれば穏やかで柔和な人があつまってきます。

　世間はあなたが自分を扱うようにあなたを扱うのです。あなたが自分の価値を認めて、自分自身をいつくしんでいれば、まわりもあなたを大切にしてくれます。つまり、世界はあなた自身の投影なのです。だから、自分を取り巻く世界を変えたいと望むのなら、世界を見るあなた自身を変えてしまえばよいのです。

* *The best way to change the world is to change yourself.*
  世界を変える最善の方法は、自分自身を変えることだ。

　世界が何であるかを決めるのはあなた自身である——これこそ、幸福学がわたしたちにくりかえし教えている人生への構えです。わたしたちは思考のよき操縦士にならなくてはいけません。

語句注

1. depend on A「Aに左右される・Aしだいである」　what you have「持っているもの・財産」　what you think「考えていること・思考」

1-3 「幸運」とは準備が機会に出会うこと

何が人生に幸運をもたらしてくれるのか。

才能でしょうか。しかし、たとえ才能があったとしても、それを磨かなければ、輝かせることはできません。

📖 *Diligence is the mother of good luck.*[1]
   勤勉こそが幸運の母である。
   　　　　　　　　— Benjamin Franklin（ベンジャミン・フランクリン: 1706-1790）
   　　　　　　　　　　　　　　　　　　　　アメリカの政治家・著述家

アメリカ建国の父、ベンジャミン・フランクリンは、みずからが信奉する徳目を広く国民に伝えることによって大きな影響力をもった人物です。じっさい、アメリカの建国に尽力した人たちは「勤勉」と「ハードワーク」に価値を見いだしていました。

アメリカ「独立宣言」の草稿者にして3代目の大統領にもなったトマス・ジェファスンは次のように述べています。

📖 *I'm a great believer in luck, and I found the harder I work, the more luck I have.*[2]
   私は幸運の大いなる信奉者だ。そして、努力すればより幸運に恵まれる、ということを知っている。
   　　　　　　　　—Thomas Jefferson（トマス・ジェファスン: 1743-1826）
   　　　　　　　　　　　　　　　　　　　　アメリカの第3代大統領

時代が変わっても、変わらないものがあります。それは「努力が幸運をもたらす」という人生態度です。

📖 *Luck doesn't come to you; you draw it through your own effort.*[3]
   幸運はやって来ない。自分の努力で引き寄せるのだ。

アメリカ人の好きなフレーズです。

オプラ・ウィンフリーという女性をご存じでしょうか。

知性と研鑽で運をつかんだ現代アメリカのヒロインです。しかし、少女のころは不幸でした。結婚していないカップルのもとに生まれ、父、母、祖母のもとを転々とし、9歳のときから性的虐待を受け、14歳で妊娠、出産を経験しました（産まれた子どもは1週間後に死亡）。この「不幸な黒人少女」はその後、努力に努力を重ね、奨学金を得てテネシー州立大学に進学、TV局でアンカーウーマン、そして司会者として働くようになり、「アメリカでもっとも影響力のある女性」になりました。「オプラ・ウィンフリー・ショー」（1986-2011）は、アメリカのトーク番組史上、もっとも良質のものといわれ、たいへんな反響を呼びました。

その彼女が信奉している言葉に次のようなものがあります。

📖 *Luck is a matter of preparation meeting opportunity.*[4]
幸運とは準備が機会に出会うこと。

—Oprah Winfrey（オプラ・ウィンフリー: 1954-）
アメリカの女優・TV番組司会者

準備とは、いうまでもなく「努力」のことです。彼女はまた、

📖 *Turn your wounds into wisdom.*
あなたの傷を知恵に変えなさい。

とも語っています。

語句注

1. diligence「勤勉」 the mother of A「Aの生みの親・Aのもと」 **2.** a great believer in A「Aの大いなる信奉者」 The ＋比較級, the ＋比較級.「～すればするほど、ますます……」 **3.** draw A「Aを引き寄せる」 through one's own effort「自分自身の努力をつうじて」 **4.** preparation は、動名詞 meeting（出会うこと）の意味上の主語。

1-4 アランの「生活知」

　アランは著書『幸福論』のなかで、多くの「生活知」を披露しています。

📖 *Pessimism comes from the temperament, optimism from the will.*[1]
　　悲観主義は感情から生まれ、楽観主義は意志の力から生じる。
　　　　　　　　　　　　　—Alain（アラン: 1868-1951）フランスの哲学者

　人間は気分に左右される動物です。しかし、悲観的な気分を持続させていると、いつしか心と体を病んでしまいます。アランは、楽観的になれば心身ともに健康でいられるが、楽観的でいるためには「意志」の力が必要だと説いています。

📖 *I have only one thing to say to the melancholy man: "Look into the distance." ... When you look at the stars or the ocean's expanse, your eye is completely relaxed; once your eye is relaxed, your mind is unfettered.*[2]
　　憂鬱な気分でいる人には、たったひとつしかいうことがない。「遠くのほうを見よ」と。……星や海の広がりを見ると、目はほどよくリラックスする。目がリラックスすれば、心も束縛から自由になる。

　わたしたちの心は身体的現象と結びついています。舞台に立つことをひどく怖がっているピアニストは、演奏し始めるやいなや、その恐怖を克服します。指を動かすことで、気持が落ち着くのです。心のこわばりをほぐすには「身体的な運動」が必要です。体操、あくび、笑いを積極的に取り入れてみれば、心もしなやかになります。「幸福は自分の力でつくりだすもの」と心得よ——アランはこう述

べています。

📖 *We don't laugh because we're happy. We're happy because we laugh.*

幸せだから笑うのではない。笑うから幸せなのだ。

　心と身体を二項対立としてとらえてはいけません。心身は一如です。笑いたくなくても笑ってみよう。「人ごみのなかで、ちょっと押されたくらいなら、まず笑ってすますものと決めておきたまえ」。そうすれば憂鬱な気分に落ち込まずにすみます。幸福になるには、こうしたトレーニングが欠かせない——と助言しています。

📖 *It is very true that we ought to think of the happiness of others; but it is not often enough said that the best thing we can do for those who love us is to be happy ourselves.*[3]

わたしたちは他人の幸福を考えなければならない、というのはまさにそのとおりであろう。しかし、われわれが自分を愛する人たちのためにできる最善のことは自分が幸福になることである、という点はまだ十分に語られてはいない。

　気分は伝染します。不機嫌でいれば、それがまわりに伝わります。あなたが上機嫌でいれば、まわりの人たちもそれにつられて上機嫌になります。不機嫌の伝染を食い止め、上機嫌の伝染をさせる表情やしぐさをしてみましょう。あなたが幸福になれば、あなたの愛する人も幸福になるのだから——アランの教えはあなたの人生を輝かせるにちがいありません。

語句注

　1. pessimism「悲観主義」　come from A「Aから生じる」　temperament「気質・感情」　optimism「楽観主義」　optimism (comes) from the will と考えてみよう。**2**. melancholy「憂鬱な・もの悲しい」　look into the distance「遠くに目をやる」　once「いったん〜すると」(接続詞)　unfettered「束縛を受けない・自由な」　**3**. ought to *do*「〜すべきである」　those who ...「……する人びと」

1-5 「悲観」と「楽観」の狭間

　イギリスやアイルランドの人びとは楽観的な人間でありたいと願いつつも、じつは悲観的な人間が多いような気がします。彼らの皮肉たっぷりのユーモアを耳にするたび、この確信はますます強まるばかりです。上空を覆う、どんよりとした天気のせいでしょうか。

📖 *The optimist sees the doughnut, the pessimist sees the hole.*[1]
　　楽観主義者にはドーナツが見え、悲観主義者にはドーナツの穴が見える。

　　　　　　　　　　— Oscar Wilde (オスカー・ワイルド: 1854-1900)
　　　　　　　　　　　　　　　アイルランド生まれの詩人・劇作家

　世に悲観論者や厭世 (えんせい) 家は意外に多く、親密な人づき合いをしたがらないものですが、そういった連中を、バーナード・ショーはこう描写しています。

📖 *A pessimist is a man who thinks everyone is as nasty as himself and hates them for it.*[2]
　　悲観論者とは、あらゆる人を自分と同様に不愉快な人間だと考え、そのためにすべての人を憎む者である。
　　　　　　— George Bernard Shaw (ジョージ・バーナード・ショー: 1856-1950)
　　　　　　　　　　　　　　　　　　アイルランドの文学者

　とはいえ、悲観的にものごとを考えるばかりでは、将来の見通しは暗くなるばかりです。身体にもよくありません。

📖 *A person with an optimistic outlook is less likely to fall ill than someone who is pessimistic.*[3]
　　楽観的な人生観をもった人は、悲観的な人よりも病気になりにくい。

しかし、政治や企業のリーダーは、どちらに偏ってもだめなようです。悲観のなかに楽観を見いだし、楽観のなかに悲観を看取しなければなりません。

📖 *The pessimist sees difficulty in every opportunity. The optimist sees opportunity in every difficulty.*
悲観主義者はあらゆる好機に困難を見いだす。楽観主義者はあらゆる困難に好機を見いだす。

— Winston Churchill（ウィンストン・チャーチル：1874-1965）
イギリスの政治家

こうした中庸ともいえる態度がなければリーダーはつとまりません。そもそも、世の中は楽観的な人が好き（The world likes an optimistic person.）なのです。悲観的なことばかり口にする指導者に誰がついていこうとするでしょうか。

📖 *Hope for the best, and prepare for the worst.*[4]
最善を願い、最悪に備えろ。

何かをするときには、最善を求めてベストを尽くそう。しかし、備えあれば憂いなし、最悪に備えてひそかに準備をしておけ——これがイギリス人がたどりついた知恵なのです。

語句注

1. optimist「楽観主義者」 pessimist「悲観主義者」 **2**. nasty「不快な・不愉快な」 hate A for B「B のために A を憎む」 **3**. outlook「見解・見地」 be likely to *do*「〜する傾向がある」 fall ill「病気になる」 **4**. hope for A「A を願望する」 prepare for A「A の準備をする」

019

1-6 「性格」と「宿命」

わたしたちの運命は性格によって決定される、という説がありま
す。

📖 *One's destiny is determined by one's personality.*
Our fate is determined by our personality.[1]
運命は性格によって決まる。

"character"は一般に「先天的な性格・もって生まれた気質」、
"personality"は「後天的な性格・人柄」(語源は「仮面」を意味する
ペルソナ)を含意しています。それゆえ、児童心理学などにおいて
は"character"が好まれていますが、区別なく用いている研究者も
います。

さて、芥川龍之介は『侏儒 (しゅじゅ) の言葉』のなかで、「運命」と「性
格」の関係について、次のように書き記しています。

📖 *Fate is more inevitable than accidental. The expression*
"Character is destiny" is never used lightly.[2]
運命は偶然より、必然である。運命は性格の中にあるという言
葉は決して等閑 (なおざり) の中に生まれたものではない。

— 芥川龍之介 (1892-1927) 小説家

運命は偶然ではなく必然であり、それはその人の性格によって決
まる、というのです。性格とはものの見方の反映であり、そこから
感得された理解の集合体が、どうやらその人の運命を決定するよう
です。小林秀雄は、そうしたことがわかったうえで、次のように喝
破しています。

📖 *People only encounter incidents that someone of their*
character deserves.[3]

人は、その性格に合った事件にしか出遭わない。

— 小林秀雄（1902-1983）文芸評論家

　お見事。さすがに冴えています。「運命の人」や「運命的なできごと」は、あらかじめ自分のもとにやってくると決まっていたのですね。

　「運命」というものの成り立ちについて、わかりやすく説明してくれた偉人がいます。

📖 *Be careful of your thoughts, for your thoughts become your words.*

Be careful of your words, for your words become your deeds.

Be careful of your deeds, for your deeds become your habits.

Be careful of your habits, for your habits become your character.

Be careful of your character, for your character becomes destiny.[4]

思考に気をつけなさい。いつかそれは言葉になるから。

言葉に気をつけなさい。いつかそれは行動になるから。

行動に気をつけなさい。いつかそれは習慣になるから。

習慣に気をつけなさい。いつかそれは性格になるから。

性格に気をつけなさい。いつかそれは運命になるから。

—Mother Teresa（マザー・テレサ: 1910-1997）
カトリック教会の修道女

語句注

1. be determined by A「A によって決定される」　destiny は「（託された）運命・（与えられた）宿命」で、ポジティヴな意味あいで使われることが多いが、fate は「（自分の意志では変えられない）運命」を指し、ネガティヴな意味あいで用いられることが多い。　**2**. inevitable「避けられない・必然のもので」　**3**. incident「出来事・事件」　deserve A「A に値する・A にふさわしい」　**4**. Be careful of A.「A には気をつけないさい」　, for ...「というのは……」

1-7 「心配ごと」の対処法

　誰もが心配ごとを抱えています。なかには膨(ふく)らむ不安に押しつぶされそうになっている人もいます。

　なにか対処法はないものでしょうか。

　ウィンストン・チャーチルは疲れを知らぬように活動し、首相としての責務だけでなく、ノーベル文学賞を受賞するほどの傑物でした。闘争と信念の人とされるチャーチルは、じつは不安神経症とうつ病に苦しんでいました。しかし、心配ごとの大半は起こらないと悟ったとき、彼は安らかな精神状態をとり戻すのでした。

📖 *When I look back on all these worries, I remember the story of the old man who said on his deathbed that he had had a lot of trouble in his life, most of which had never happened.*[1]

これまでの心配ごとをふりかえってみるとき、臨終の床にあったひとりの老人から聞かされたこんな話を思い出す。人生にはたくさんの心配ごとがあったが、大半は起こらなかった、と。

—Winston Churchill （→ p.019）

　不安な気持ちに頭を占拠された場合はどうしたらいいのでしょうか。人生の達人たちは、妄想にとらわれない、との決意をすることが大切だと教えています。そう、妄想は不安にすぎないのです。人生の主人公はあなた自身であり、心配ごとではありません。思考の操縦席を妄想に委ねてはいけません。

📖 *Change your thoughts and you change your world.*[2]

あなたの考え方を変えなさい。そうすれば、あなたはあなたの世界を変えることができる。

—Norman Vincent Peale（ノーマン・ヴィンセント・ピール：
1898-1993）アメリカの心理学者

なにかに没頭し、かつまた身体を疲れさせることが大切だと主張する人がいます。

📖 *The happiest people are those who are too busy to worry in the daytime and too sleepy to worry at night.*[3]

いちばん幸せなのは、日中は忙しすぎて心配する暇がなく、夜は眠すぎて心配する時間もないという人だ。

ジョークで笑いとばしてしまう人もいるようです。

📖 *There cannot be a crisis next week. My schedule is already full.*[4]

来週は危機など起こらない。私のスケジュールがもういっぱいだから。

—Henry Kissinger（ヘンリー・キッシンジャー：1923-）
ドイツ生まれのアメリカの政治家

うふふ。これぐらいの余裕をもちたいものです。

語句注

1. look back on A「A をふりかえる」 worry「悩みの種・心配ごと」 on one's deathbed「死の床で」 **2**. one's thoughts「（idea よりも冷静な）考え・気持ち」 **3**. those who ...「……する人びと」 too 〜 to *do*「あまりにも〜すぎて……ない」 worry「心配する」 in the daytime「日中に」 at night「夜に」 **4**. There cannot be a ...「……があるはずはない」

1-8 「人生の目的」とは

人生を無為に過ごしていないでしょうか。

人生について、多くの人が忘れていることがあります。

📖 *Life lies not in living but in enjoying.*[1]

　　人生はただ生きるためにあるのではない。楽しむためにある。

　昨日までの人生がいかに苦難に満ちたものだったとしても、人間は日々生まれ変わることができる——そう信じれば、新たな日々を歩み始められます。

📖 *Today is the first day of the rest of your life.*[2]

　　きょうという日は、残りの人生の第一歩である。

　　　　　　　　　　—Charles Dederich（チャールズ・ディードリッヒ: 1913-1997）
　　　　　　　　　　　アメリカの薬物中毒患者救済機関 Synanon の設立者

　このフレーズは、映画『アメリカン・ビューティ』(*American Beauty*) のセリフにも引用されて、多くの人の心の杖 (ㅈ) になっています。

　明日に希望をつなぐ名句としては次のようなものもあります。

📖 *Tomorrow is another day.*

　　あきらめずに明日またやってみよう。

　『風と共に去りぬ』(*Gone with the Wind*) の名ゼリフが映画から飛びだして、日常会話でも用いられるようになりました。「明日は明日の風が吹く」と訳されることが多いのですが、原文にはそんな風まかせふうなニュアンスはありません。

　ヒロインのスカーレット・オハラ（Scarlett O'Hara）は、レット・バトラー（Rhett Butler）をまた自分のほうにふり向かせたい。し

かし、彼はスカーレットのもとを去っていってしまう。そして、悲しみに暮れながらも、顔をあげてつぶやいたのがこのセリフです。「彼を引き戻すのは明日でも遅くない。明日はなんとかしてみせるわ」という強い意志をあらわしています。

日常会話では、何かに失敗した相手を励まして「あきらめずに、明日またやってみようよ」という場面で用いられます。たとえきょうはしくじったとしても、明日また挑戦してみればいい。そんな含みがあります。

アメリカ人にとって、運命とは翻弄されるものではなく、自分の意志と努力でコントロールするものなのです。

アメリカン・ドリームは、意志と努力で実現できる。成功をさまたげるのは、未来を悲観して無為無策のうちに過ごしてしまうことだ——アメリカ人は強くそう思い込んでいます。

人生に、所与としての目的はありません。あらかじめ与えられた目的などないのです。

では、人生の目的とは何でしょうか。次のようなことを思いついた人がいます。

📖 *The purpose of life is a life of purpose.*[3]
　人生の目的は、目的のある人生を送ることだ。
　　　　　　　　—Robert Byrne（ロバート・バーン：1930-2016）アメリカの作家

人生の目的を見つけようとする営為が、すなわち人生の目的なのです。こう考えることで、人生にエンジンをかけてみてはどうでしょうか。

語句注

1. lie in A「Aに存する・Aにある」　not A but B「AではなくてB」　**2.** the rest of A「Aの残り」　**3.** the purpose of life「人生の目的」　a life of purpose「目的のある人生」

1-9 「内心の自由」がある

　わたしたちが生きている時代とは、歴史的に俯瞰（ふかん）してみると、どのような時代なのでしょうか。

　歴史を眺めてみれば、どの時代、どの社会においても、ほとんどの人が出自や階級に縛られていました。「恋愛の自由」や「職業選択の自由」はなく、人びとは「与えられた人生」を生きるしかなかったのです。しかし、現代はそうではありません。

📖 *The greatest discovery of my generation is that a human being can alter his life by altering his attitudes.*[1]
わたしたちの時代のもっとも偉大な発見は、人間は自分の行動を変えることによって人生を変えることができるということである。
— William James（ウィリアム・ジェイムズ: 1842-1910）
アメリカの哲学者

📖 *Habits of thinking need not be forever. One of the most significant findings in psychology in the last twenty years is that individuals can choose the way they think.*[2]
生涯をつうじてずっと同じ考え方をもち続ける必要はない。この20年の心理学でもっとも重要な発見のひとつは、人間は考え方を選べるということだ。
— Martin Seligman（マーティン・セリグマン: 1942-）
アメリカの心理学者

　これらの言葉に流れているのは、不幸や逆境を己れの運命として甘受することを拒否しようとする姿勢です。人間には「内心の自由」があり、それが生きる力になる、ということを発見したのは、じつは現代になってからのことだったのです。

　人生には依然として数々の不幸があります。しかし、どんな逆境

にあろうとも、それに打ち克つ人間がいます。ニーチェは高らかに
こう言い放っています。

📖 *He who has a why to live can bear with almost any how.*[3]
生きる理由をもつ者は、どのような状況をも耐え抜くであろう。
—Friedrich Nietzsche（フリードリヒ・ニーチェ：1844-1900）
ドイツの哲学者

第二次世界大戦中、アウシュビッツなどの強制収容所で過ごした
経験をもつヴィクトール・フランクルは、このニーチェの言葉をた
びたび引用しましたが、みずからもこう書き記しています。

📖 *Everything can be taken from a man but one thing: the last
of the human freedoms—to choose one's attitude in any
given set of circumstances, to choose one's own way.*[4]
あらゆるものを奪われた人間に残されたひとつのこと、すなわ
ち、人間に残された最後の自由——それは、与えられた運命に
対して自分の態度を決められる自由、自分自身のありようを選
択できる自由である。
—Viktor Frankl（ヴィクトール・フランクル：1905-1997）
オーストリアの精神科医

飢え、寒さ、残虐行為に耐え、しかもガス室に連れていかれるの
ではないかという恐怖にたえず脅かされた人間による観察です。どん
な苛酷な状況にあっても、人間にはそれをどうとらえるか選択で
きるし、そこに意味を見いだす自由さえあるというのです。人生の
意味は、自分が人生をどう意味づけるかによって決まるのです。

語句注

1. alter A「Aを変える・Aを改める」 **2**. habits of thinking「思考の習慣」
findings「発見」 **3**. He who ...「......する人は（誰でも）」 have a why to *do*
「〜する理由をもつ」 bear with A「Aに耐える・Aを辛抱する」 **4**. but「〜
を除いて」 in any given set of circumstances「与えられたどんな状況のなか
でも」

1-10 「優雅な人生」を歩む

　　悪意や復讐は執念深いものです。

　　じっさい、ことわざにも、「怨みは忘れ去られることはない」
（Malice is mindful.）とか、「復讐には、百歳になってもまだ乳歯
がある」（Revenge of a hundred years has still its sucking teeth.）
という聞くだに恐ろしいものがあります。いずれも、怨（うら）みがも
つしぶとさを言いあらわして、わたしたちを震えあがらせます。

　　悪意を向ける相手のことを考える毎日は辛く、また虚しいもので
す。他人を憎む者は自分自身をも傷つけてしまうことがあるからで
す。場合によっては、それで自分の人生を台なしにしてしまうこと
さえあります。なにか知恵はないものでしょうか。

📖 *Living well is the best revenge.*[1]
　　優雅に生きることが最大の復讐である。

　　傷ついた者は、傷つけた者に優雅な生活を見せつけることで復讐
する、それが最上の復讐である —— こう思いついた賢人がいます。
そして、歳月を経て、やがてその知恵は多くの人々の処世の拠（よ）
りどころとなり、ついには格言となりました。

　　このフレーズは、スペインのことわざ（Vivir bien es la mejor
venganza.）に由来するといわれていますが、はっきりしたことは
わかっていません。17世紀のイングランドの詩人ジョージ・ハー
バートがこの格言を紹介したことにより、英語圏でも広く知られる
ようになりました。

　　"live well"は、成功して「裕福に暮らす」、あるいは心身ともに
「健康に暮らす」とニュアンスをもっています。「上手に生きる」「軽
やかに生きる」「優雅に生きる」などと訳してもいいでしょう。

　　また、このことわざは、スコット・フィッツジェラルドの小説

『夜はやさし』(*Tender Is the Night*) のモデルとなったマーフィ夫妻 (ジェラルドとセーラ) の愛する言葉でもありました。ジェラルド・マーフィ (画家) は「人生は醜悪なものだ。そんな人生に復讐するために、わたしたちは優雅に生きようとしている」と述べています。

そのものずばり、『Living Well Is the Best Revenge』と題された伝記 (邦題『優雅な生活が最高の復讐である』カルヴィン・トムキンズ) にその生活ぶりがあざやかに記されています。夫妻の暮らしぶりは、瞠目 (どうもく) するほど優雅で、訪れる人の心をやさしくつつんだようです。

📖 *Live well. It is the greatest revenge.*
優雅に生きよう。それが最大の復讐だ。

このようにいうこともあります。相手に復讐するのではなく、問題をわが身のものとして、おのれの成功に向かって邁進せよ。そして優雅に生きること。そうすれば、怨みの炎はいつしか消え、人生は美しく輝きはじめる——そう諭 (さと) しています。

パトリシア・コーンウェルのミステリー小説『検屍官』(*Postmortem*) にも、似たようなフレーズを見ることができます。

📖 *Survival was my only hope, success my only revenge.*[2]
私にとっては残ることが唯一の望みであり、成功する以外に復讐の道はなかった。

「優雅に生きることが最大の復讐である」は、多くの人々の心情をとおって、いまや人間交際を生き抜く知恵の精髄となっています。

語句注

1. revenge「復讐・報復」　**2**. survival「生き残ること・生き延びること」success (was) my only revenge と考えてみよう。

1-11 「冒険心」で人生を切り拓く

　アメリカでは"online dating"というインターネットを媒介にした男女の出会いが一般化しています。オンラインで知り合った相手と結婚に至るケースもめずらしくないようです。

　オンライン・デイティングを覗いてみると、I am adventurous.（冒険心の持ち主です）のように、自分が「冒険心にあふれている」（adventurous）ことを売り込んでいる男女が多いことに驚かされます。なにごとにおいても、偏見をもたずに、未知なる世界に飛び込んでいけることを"adventurous"という言葉でいいあらわしているのです。"I am adventurous."は、I like to try new things.（新しいことに挑戦するのが好き）であるばかりか、I have an open mind.（広い心の持ち主です）ということを含意しています。文化の違いを受け入れたり、自分とは異なる意見にも理解を示す度量があるということをほのめかしているのです。

　📖 *Life is either a daring adventure or nothing.*[1]
　　　人生は、果敢な冒険か無意味かのいずれかです。
　　　　　　　　　　　　　　—Helen Keller（ヘレン・ケラー：1880-1968）
　　　　　　　　　　　　　　　　　　　　アメリカの教育家・社会福祉活動家

　冒険心がなければ人生は無意味だ、というのです。アメリカでは、いまも親や教師になどによって、くりかえし引用されています。

　発言の主は、日本でも有名なヘレン・ケラーです。

　19世紀末、ヘレンが小さかったころ、アメリカはまだ冒険に満ちた世界でした。しかし、広大な未開地や、険しい山々が次々と征服されると、開拓時代は終わりを告げます。そのようなときに、ヘレンはこの一文を述べたのです。

　ヘレン・ケラーは、幼いときの病気により、目と耳に障害を負い

ました。最初のうちは、言語習得の機会すら見いだせませんでした。しかし、家庭教師であったサリヴァン先生（Anne Sullivan）の献身的な指導のもと、さまざまな困難を克服していき、ついには世界じゅうで名を知られる偉人となりました。先に掲げたフレーズは、アメリカ人に「冒険」という言葉の意味をあらためて問うきっかけとなったのでした。

現代における冒険とは何でしょうか。

それは登山や探険、未開地の開拓だけを指すのではありません。未知なることに挑戦するのも「冒険」です。じっさい、ヘレンは飽くなき冒険心をもつことで、言語を獲得し、人びとと交流し、人生を切り拓きました。障害者の教育や福祉の発展に大きく貢献したのも周知の事実です。

「冒険」という言葉がいまもアメリカ人の情熱をかきたてるのは、開拓時代から育まれた探求心への渇きを喚起するからでしょう。アメリカ人が発明家や起業家に賞賛を惜しまないのは、冒険心というものに大きな価値を見いだしているからにほかなりません。

📖 *The biggest adventure you can take is to live the life of your dreams.*[2]

人生のいちばん大きな冒険は、夢を追いかけること。

—Oprah Winfrey (→ p.015)

オプラ・ウィンフリーは、少女時代に性的虐待を受けるなど、不遇の生活をしいられましたが、「冒険心」をもつことで、成功への階段を昇っていった人物です。

「冒険心」は、いまなおアメリカ人を鼓舞する言葉でありつづけています。

語句注

1. daring「大胆な・勇敢な」　**2**. take an adventure「冒険をする」

1-12 「清濁あわせ持つ人間」になる

池波正太郎の小説『鬼平犯科帳』に、鬼平こと長谷川平蔵が妻の久栄 (ひさえ) に語りきかせている場面があります。

📖 「人間 (ひと) とは、妙ないきものよ」

「はあ......？」

「悪いことをしながら善いことをし、善いことをしながら悪事をはたらく。こころをゆるし合うた友をだまして、そのこころを傷つけまいとする」

—「明神の次郎吉」『鬼平犯科帳』(池波正太郎)

正太郎は、人間を善悪の二色に染め分けませんでした。それどころか、一個の人間のなかには善も悪もひそんでいると考えました。そうした作者の人生観が作品に投影されて、『鬼平犯科帳』は多くの読者の心をつかみました。

たしかに、目に見えるかたちであらわれた悪行だけではなく、心のうちにふと顔をだす悪の存在を考えるとき、誕生から臨終まで、善人をつらぬきとおした人間などおそらく誰ひとりとしていないでしょう。こうした目をもって世の中をわたっていけば、大過なく人生を歩んでいけそうです。

上に掲げた会話を英語にしてみましょう。

📖 *"People are strange."*

"What?"

"They do good things while they're doing bad things and do bad things while doing good things. They trick friends who trust them, and yet they try not to hurt them." [1]

深遠な知恵も意外にやさしく表現できるものです。短くまとめて

みましょう。

📖 *People are strange. They do good things while they're doing bad things.*[2]
人間は妙ないきものだ。悪いことをしながら善いことをするのだから。

小説やドラマの題材として、しばしば「善」と「悪」が取りあげられますが、物語の多くがスリリングでないのは、「善人」はつねに善いことのみをし、「悪人」はかならず悪をなしてしまうからです。白でなかったら黒、善でなかったら悪、薬でなかったら毒で、その中間はないという発想を「二分割思考」といいますが、人間の心はそうした幼稚な発想では分析されないのです。

📖 *Humans are good and bad at the same time.*[3]
人間は、善でもあり、また悪でもある。

📖 *Humans are not good by nature, and are not evil, either.*[4]
人間は、生まれながらにして善でもなければ悪でもない。

大人たるもの、こうした人間理解をもっていたいものです。そうすれば、人間という存在がより面白く感じられるはずです。

語句注

1. trick A「Aをだます・Aをかつぐ」 trust A「Aを信頼する・Aを信用する」 and yet「それもやはり」 hurt A「A（の心）を傷つける」 **2**. while「（しかるに）いっぽうでは」 **3**. humans「人間（というもの）」（= human beings） at the same time「同時に」 **4**. by nature「生れつき・生来」 evil「邪悪な・悪い」 not 〜, either「もまた〜ない」

1-13 「人生の皮肉」を味わう

　生命力にあふれた人生を送りたいと誰もが願っています。そこで、次のような訓戒を胸に刻み込もうとします。

📖 *It is not the years in your life but the life in your years that counts.*[1]
　　生きた年月が問題なのではない。その中身が問題なのだ。
　　　　　　　　　— Adlai Stevenson II（アドレイ・スティーヴンソン2世：1900-1965）
　　　　　　　　　　　　　　　　　　　　　　　　　アメリカの政治家

　しかし、思うようにいかないのもまた人生です。
　ディズレーリによれば、人生とはおおむね次のようなものです。

📖 *Youth is a blunder, manhood a struggle, old age a regret.*[2]
　　青年は過（あやま）ちを犯し、壮年は格闘し、老年は悔悟する。
　　　　　　　　　—Benjamin Disraeli（ベンジャミン・ディズレーリ：1804-1881）
　　　　　　　　　　　　　　　　　　　　　　　　イギリスの政治家・小説家

　だが、これでは人生のどの時期を生きても真っ暗です。青年、中年、老年、どれかひとつぐらい輝かしい時期はないものでしょうか。
　「青春の時期は、いつの時代でも恥多く悩ましいものだ。もう一度やれといわれてもお断りしたい」といったのは吉行淳之介（作家）ですが、青年期は躍動的な成長期であるいっぽう、愚行の数々で充たされています。また、昔から「麒麟（きりん）も老いては駑馬（どば）に劣る」（いかにすぐれた人でも、年をとるとごく平凡な人にも劣る）というから、老年にもまた期待できそうにありません。

🕮 *The first half of life consists of the capacity to enjoy without the chance; the last half consists of the chance without the capacity.*[3]

人生の前半は楽しむチャンスに恵まれないがその能力はあり、人生の後半は楽しむ能力に欠けているが機会には恵まれている。

—Mark Twain（マーク・トウェイン: 1835-1910）アメリカの小説家

　前半もだめ、後半もだめ、となると、よさそうなのは真ん中あたりの中年です。そういえば、中年はことわざ氏にもあまりヤリ玉にあげられていません。中年とはいつのことでしょうか。

🕮 *Middle age is when your age starts to show around your middle.*[4]

中年（ミドル・エイジ）とは、腹（ミド）のあたりに年齢（エイジ）があらわれ始めるころだ。

—Bob Hope（ボブ・ホープ: 1903-2003）アメリカのコメディアン

　あなたが中年であれば、ちょっと出っ張った腹をかかえて笑うジョークです。中年のいいところは、人生の悲哀や悔悟さえも楽しむことができる、というところではないでしょうか。中年になったら、少なくとも自分を笑う知恵ぐらいは身につけたいものです。

語句注

1. It is not A but B that counts.「重要なのは A ではなくて B である」（強調構文） not A but B「A ではなくて B」 count「重要である・価値がある」 **2**. blunder「大失策・不手際」 struggle「格闘・もがくこと」 **3**. consist of A「A で構成されている」 the capacity to *do*「～する能力」 **4**. one's middle「腹まわり」

1-14 大人にとっての「子ども」

　子どもを叱らない親がいる。聞くところによると、子どもに嫌われたくないからだそうです。それでついつい甘やかしてしまう。そんな親たちをベティ・デイヴィスは叱りつけます。

📖 *Discipline is a symbol of caring to a child. He needs guidance. If there is love, there is no such thing as being too tough with a child. ... If you have never been hated by your child, you have never been a parent.*[1]
しつけは愛情のしるしです。子どもは親の導きを必要としています。愛情があるなら、子どもに厳しすぎるということはありません……。自分の子どもに嫌われたことがないとしたら、親のつとめを果たしてこなかったのも同然です。

—Bette Davis（ベティ・デイヴィス：1908-1989）アメリカの女優

　子どもは教えには耳を貸さず、親の言動だけを真似しようとします。だから、親がこうあってほしいと望むようにはなかなか育ってくれません。

📖 *Children have never been very good at listening to their elders, but they have never failed to imitate them.*[2]
子どもは大人のいうことを聞くのは得意じゃない。だけど、真似をするのはこのうえなくうまい。

—James Baldwin（ジェイムズ・ボールドウィン：1924-1987）
アメリカの作家

　それどころか、子どもにしつけをする親自体が一人前の大人でなかったりします。

📖 *The hardest job kids face today is learning good manners without seeing any.*[3]

いまの子どもたちが礼儀作法を学ぶのはひと苦労だよ。見習うべき手本がないんだから。

—Fred Astaire（フレッド・アステア: 1899-1987）アメリカの俳優

　そもそも子どもとは、親や大人にとってどういう存在なのでしょうか。「未熟な大人の安心感を保つために、未完成なものとみなされる存在」（日高敏隆）といううがった見方もできますが、親や大人に人生の喜びを教えてくれる存在だとみなすこともできます。

📖 *While we try to teach our children all about life, our children teach us what life is all about.*[4]

わたしたち大人は人生についてあらゆることを子どもに教えようしますが、子どもはわたしたちに人生とは何であるかを教えてくれます。

—Angela Schwindt（アンジェラ・シュウィント: 生没不明）
アメリカの家庭教育者

語句注

1. discipline「しつけ」　guidance「導き・（教育）指導」　a symbol of caring「愛情のしるし」　**2**. be good at 〜ing「〜するのが得意である」　never fail to *do*「きまって〜する」　imitate A「A を真似する」　**3**. face A「A に直面する」　good manners「よい礼儀作法」　**4**. while「……であるいっぽう」　what A is all about「A の本質・A の中核」

1-15 「老人」であることのよさ

　人生はその長さではかられるべきものではありません。では、何によって決まるのでしょうか。

📖 *It is not length of life, but depth of life.*[1]
　　重要なのは人生の長さではない。人生の深さだ。
　　　　　　　　　　　　　　—Ralph Waldo Emerson（ラルフ・W・エマソン：1803-1882）
　　　　　　　　　　　　　　　　　　　　　　　　　　　アメリカの思想家

　とはいえ、ますます高齢化しつつあるこんにち、老人であるとはいかなる状態をいうのでしょうか。ある小説家はこのように述べています。

📖 *As I grow older and older*
　　And totter towards the tomb
　　I find that I care less and less
　　Who goes to bed with whom.[2]
　　齢を重ねて
　　墓に向かってよろよろと歩くようになると
　　誰と誰がベッドに行くかなど
　　ちっとも気にならなくなる
　　　　　　　　　　　　　　—Dorothy L. Sayers（ドロシー・L・セイヤーズ：1893-1957）
　　　　　　　　　　　　　　　　　　　　　　　　　　　イギリスの作家

　年をとると、まず好奇心が衰えるようです。「老年は顔よりも心に多くの皺（しわ）を刻む」（Age imprints more wrinkles in the mind than it does on the face.）といったのはモンテーニュ（フランスの思想家）ですが、目に見える顔の皺以上に、心もまた老いるようです。

　「皺は人生の年輪」ともいいます。そして、心の皺は、さまざまな知恵と結びつきます。なかには、若いころの圭角がとれて、「いい人」を"演じる"老人もいます。

📖 *Old men delight in giving good advice as a consolation for the fact that they can no longer set bad examples.*[3]
年寄りは、悪い手本を示すことができなくなった腹いせに、よい教訓を垂れたがる。
——La Rochefoucauld （ラ・ロシェフコー：1613-1680）
フランスの箴言家・モラリスト

　そうだったのですね。たしかに若者を嘆いている老人は、元気なばかりか肌つやもよさそうです。

📖 *The denunciation of the youth is a necessary part of the hygiene of older people, and greatly assists the circulation of their blood.*[4]
若者をこきおろすのは、老人の健康維持には欠かせぬものであり、血行促進にも大いに役立つ。
——Logan Pearsall Smith （ローガン・パーサル・スミス：1865-1946）
アメリカのエッセイスト

　なにかとこきおろされることの多い若者は、老人の健康維持にひと役買っているのだと思ってください。

語句注

1. length「長さ」　depth「深さ」　**2**. totter「よろよろ歩く」　**3**. delight in 〜ing「〜することに喜びを見いだす」　consolation「なぐさめ」　no longer「もはや〜でない」　set a bad example「悪い手本を示す」　**4**. denunciation「（公然たる）非難」　hygiene「健康法・（精神）衛生」

1-16 「年齢」の意識

アメリカの航空会社を利用すると、高齢の客室乗務員が多いのにちょっと驚きます。若い女性が多い日本の航空会社とは大違いです。

アメリカでは法律で、age discrimination（年齢による差別）をしてはならない、と定められています。そのせいでしょうか、精神的に若々しい人がじつにたくさんいます。

人間だから年をとるのは当然です。しかし、心まで老け込んでしまう必要はありません。気持ちを若く保ち、好奇心と創造力に満ちあふれていることのどこがいけないというのか——多くのアメリカ人がそう思っています。

📖 *Do you think growing old is something to look forward to?*[1]
あなたは年齢を重ねることが楽しいと思えますか？

アメリカではこう問いかける人がけっこういます。

さまざまなライフスタイルが許容されているため、アメリカでは相手が困惑するような質問はしないのがマナーとされています。「結婚していますか？」とか「何歳になるのですか？」などの質問はまずしないし、してはいけないとされています。

"That's a personal question." といえば、「それは個人の問題だ」と訳していますが、これをたんに「個人の問題」と解してはいけません。心のうちでは「あなたは失礼な人間だ」と憤慨していることを読みとらなくてはなりません。じっさい、とてもきつい言葉なので、こういわれた人はもうそれ以上のことは聞こうとはしません。

ジョージ・バーンズという人物を知っているでしょうか。コメディアンとして多くの人を笑わせ、なんと80歳のときにアカデミー助演男優賞を受賞、100歳で亡くなるまで元気に仕事に励んだ人物

です。多くのアメリカ人に敬愛された彼は、次のような言葉を残しています。

📖 *You can't help getting older, but you don't have to get old.*[2]
年をとるのは避けられないが、だからといって年寄りになることもない。

— George Burns（ジョージ・バーンズ: 1896-1996）
アメリカのコメディアン

しかし、「郷に入っては郷にしたがえ」(When in Rome, do as the Romans do.) です。年齢をたずねるのは、日本ではごくふつうの会話に見られるし、アメリカよりもずっと許容されています。

日本にやってきたアメリカ人は、相変わらず「あなた、おいくつ？」との質問を行く先々で受けているようです。そんなとき、彼らはどうふるまっているのでしょうか。

📖 *I'm as old as I feel.*
自分が思う年齢がぼくの年齢だ。

このフレーズを決まり文句にしている友人（アメリカ人男性）がいます。

📖 *Red wine improves with age, just like me.*[3]
赤ワインは年を重ねると上質になっていくでしょ。私もそれと同じよ。

このように笑ってはぐらかす友だち（アメリカ人女性）もいます。

語句注

1. look forward to A「A を楽しみに待つ」 **2**. can't help 〜ing「〜するのを避けることができない」 You don't have to *do*.「〜する必要はない」 **3**. improve with age「年齢とともによくなる」

1-17 「人生の悲劇」とは

　不死は恐怖です。いかなる刑罰よりもひどいのではないでしょうか。死はやさしい解放であり、穏やかな赦(ゆる)しです。それが永遠に与えられないとしたら、人口過密、環境破壊、食料不足など、世の中に地獄が出現するでしょう。問題は、有限なる人生をどう生きるかです。

📖 *Don't be afraid your life will end; be afraid that it will never begin.*[1]
　人生が終わってしまうことを恐れてはいけません。人生がいつまでも始まらないことを恐れなさい。

— Grace Hansen (グレイス・ハンセン: 生没不明) アメリカの作家

　目標に向かって歩み始めたとき、人生は始まります。ヘンリー・ミラー (Henry Miller: アメリカの作家) は「人生とは、2気筒のエンジンで440馬力をだすこと」(Life is 440 horsepower in a 2-cylinder engine.) と語りましたが、目標があればそうした意気込みも湧きあがってくるというものです。

📖 *The tragedy of life is what dies inside a man while he lives.*
　人生の悲劇とは、生きているのに、その人間の内側で死んでいることである。

—Albert Schweitzer (アルバート・シュヴァイツァー: 1875-1965)
ドイツ生まれの神学者・医者

　目標のある人生において、大切なことは何であり、どんな人生態度が望ましいとされるのでしょうか。

📖 *The greatest victory has been to be able to live with myself, to accept my shortcomings and those of others.*[2]

　私にとって最高の勝利は、自分自身に正直に生きられるようになったこと、それから自分と他人の欠点を受け入れられるようになったこと。

—Audrey Hepburn（オードリー・ヘプバーン：1929-1993）
ベルギー生まれの映画女優

　自分の欠点だけでなく、他人の欠点も受け入れる。それで人生が面白くなるのだという。オードリーはまた、次のようにも語っています。

📖 *The most important thing is to enjoy your life, to be happy. It's all that matters.*[3]

　いちばん大切なことは、人生を楽しむこと、幸せでいること。それがすべてじゃないかしら。

　もうひとりのヘプバーンは、堅苦しく考えないで、少しハメをはずすのがいいと助言しています。

📖 *If you obey all the rules, you miss all the fun.*[4]

　すべての規則にしたがっていると、楽しみをそっくり奪われてしまうわ。

—Katharine Hepburn（キャサリン・ヘプバーン：1907-2003）
アメリカの女優

　たしかに、そのほうが人生をより謳歌できそうです。

語句注

1. be afraid（that）...「……であることを恐れる」　**2.** live with oneself「良心に恥じないように生きる」　shortcoming「欠点」　those = the shortcomings　**3.** It is A that matters.「重要なのは A だ」　**4.** obey A「A にしたがう」　miss A「A を見逃す・A を取り逃がす」

Be careful of your thoughts, for your thoughts become your words.

Be careful of your words, for your words become your deeds.

Be careful of your deeds, for your deeds become your habits.

Be careful of your habits, for your habits become your character.

Be careful of your character, for your character becomes destiny.

第**2**章　「恋愛」の素顔

2-1 「恋」の不思議

恋とは何か。
それを定義するのはやっかいです。

📖 *It's difficult to define love; all we can say is, that in the soul it is a desire to rule, in the mind it is a sympathy, and in the body it is a hidden and delicate wish to possess what we love — Plus many mysteries.*[1]
恋を定義するのは難しい。しいていえば、心においては支配の情熱、知においては共感、そして肉体においては所有したいとする欲望にほかならない。いったいに、恋は不思議で満ち充ちている。

—La Rochefoucauld (→ p.039)

俗に「恋に落ちる」(fall in love) という。恋は「落ちるもの」なのです。ふと気がついてみたら、すでに恋に落ちている。それが恋というものらしい。

恋をすると、相手の欠点が見えなくなってしまう。そればかりか、好かれようとして、ついつい自分を"盛って"しまう。結果、気づいてみれば、自分のことばかりしゃべっている。

次もやはり、ラ・ロシェフコーの言葉です。

📖 *The reason lovers are never tired of each other is this: they're always talking about themselves.*[2]
恋人同士が一緒にいて少しも飽きないのは、ずっと自分のことばかり話しているからだ。

恋人たちは自分を飾りたててご満悦なのです。しかし、彼らにも悩みがないわけではありません。相手が気になり始めたときからす

でに苦しみは始まっています。恋の成就を願って、あるいは愛を失うことを恐れて、たえず不安な気持ちでいっぱいです。

📖 *Those who have courage to love should have courage to suffer.*[3]
恋する勇気がある者は苦しむ勇気をもつ。
—Anthony Trollope（アンソニー・トロロープ：1815-1882）
イギリスの小説家

　恋には苦しみがともなう。だから、苦しむ勇気をもてという。だったら……恋をしなければよいではないか。しかし、そう考えるのは早計です。

📖 *To love is to suffer. To avoid suffering one must not love. But then one suffers from not loving.*[4]
恋することは苦しむことだ。苦しみたくないのなら、恋をしてはいけない。でも、そうすると、恋をしていないということでまた苦しむことになる。
—Woody Allen（ウディ・アレン：1935-）アメリカの映画監督・俳優

　私生活では、ダイアン・キートンやミア・ファローなどの女優と恋に落ち、その破局のあとも恋愛をくりかえしたウディ・アレンだけに説得力があります。

語句注

1. All we can say is ...「わたしたちにいえることは……だ・しいていうと……だ」　rule A「A を支配する・A を牛耳る」　**2**. be tired of A「A に飽きる・A にうんざりする」　**3**. those who ...「……する人びと」　should *do*「……するはずだ」　**4**. suffer from not 〜ing「〜していないことに苦しむ」

2-2 「孤独」と「結婚」

　こと結婚に関していえば、ことわざは別人と化す。ふつう名句や金言は甲という考えもあれば乙という見方もあるという中立的かつ穏健的態度をとるのですが、こと結婚となると、冷静さを失ってしまいます。まさにその意気込みたるや、必死の形相といった観があります。有名どころでは、こんなのがあります。

📖 *Marry in haste, and repent at leisure.*[1]
　あわてて結婚すれば、じっくり悔やむことになる。

　人口に膾炙（かいしゃ）しているものは、おしなべて結婚に対して悲観的な態度をとるのです。

📖 *Bachelors know more about women than married men. That's why they are bachelors.*[2]
　独身者のほうが結婚した男より、女についてよく知っている。だからこそ、彼らは独身者なのだ。

　　　　　　　　　　　—Henry Mencken（ヘンリー・メンケン: 1880-1956）
　　　　　　　　　　　　　　　　　　アメリカのジャーナリスト

📖 *Marriage is not a word. It's a sentence.*[3]
　「結婚」はワード（単語）ではない。センテンス（判決文）だ。

　これらは、いまはジョークとして有名ですが、ことわざに格上げされる日も近いのではないでしょうか。
　結婚するなという声がこれほど大きいのに、結婚してしまうのはなぜでしょう。この難問に明快な答えをだした人がいます。

📖 *The dread of loneliness is greater than the fear of bondage, so we get married.*[4]

> *孤独に対する恐怖は、結婚による束縛よりも大きいので、わた
> したちは結婚するのである。*
>
> —Cyril Connolly (シリル・コノリー: 1903-1974) イギリスの作家

　束縛よりも孤独の恐怖のほうが大きいので、わたしたちは結婚す
るのだという。しかし、より大きな孤独が結婚後に待ちかまえてい
るかもしれません。

📖 *If you are afraid of loneliness, do not marry.*[5]
　　孤独が恐ろしかったら、結婚するな。
　　　　—Anton Chekhov (アントン・チェーホフ: 1860-1904) ロシアの劇作家

　チェーホフ先生はかように申しています。チェーホフの妻は女優
で、彼の書いた劇のヒロイン役をよく演じました。はたから見ると
仲睦まじく見えた二人でしたが、彼の心は孤独を伴侶(はんりょ)として
いたようです。
　男女の関係をつくりだしたのは神の御業(みわざ)だとする御仁もい
ます。

📖 *God created man, and finding him not sufficiently alone,
gave him a female companion so that he might feel his
solitude more acutely.*[6]
　　*神は男性を創造したが、孤独さが足りないのを見てとって、孤
　　独をもっと切実に感じるように女性という伴侶を与えた。*
　　　　—Paul Valery (ポール・ヴァレリー: 1871-1945) フランスの作家

語句注

1. 命令文＋ and ...「～しなさい。そうすれば……」　in haste「急いで・あわ
てて」　at leisure「ゆっくりと・時間をかけて」　**2.** That's why ... そんなわ
けで……」　**3.** sentence「①文 ②判決・宣告」　**4.** dread「(悪いことが起こ
るのではないかという) 恐れ」　fear「恐怖・恐れ」　bondage「束縛・隷属」
5. be afraid of A「A を恐れる・A を怖がる」　**6.** so that S may ...「S が......する
ように」　acutely「激しく・ひどく・鋭く」　solitude「ひとり寂しくいるこ
と・孤独」

2-3 男の「結婚」

　結婚生活のマニュアルはいくつもあります。しかし、そのどれもが万人にあてはまる指南書とはなりえていません。それは、結婚というものが、すぐれて個別的、複合的、段階的な生活形態だからです。結婚というものを、詩人のハインリヒ・ハイネは次のように定義しています。

📖 *Matrimony: the rough sea for which no compass has yet been invented.*[1]
　結婚——いかなる羅針盤もかつて航路を発見したことがない荒海。
　　　　—Heinrich Heine（ハインリヒ・ハイネ: 1797-1856）ドイツの詩人

　じっさい結婚前には大目に見ていた欠点が、結婚後にはいちいち気に障るようになります。波風がたつのはやむをえません。だから、次のように助言する賢者がいます。

📖 *Keep your eyes wide open before marriage, half shut afterwards.*[2]
　結婚前は目をしっかり見開き、結婚後は半分閉じていなさい。
　　　　—Benjamin Franklin（→ p.014）

　結婚生活においては、相手の欠点を見て見ぬふりをするのがいちばんのようです。それが無難に日々を送る秘訣です。
　ラ・ロシュフコーは次のようにつぶやいています。

📖 *There may be good marriages but, there are no pleasant ones.*
　よい結婚はあるかもしれないが、楽しい結婚はない。
　　　　—La Rochefoucauld（→ p.039）

　なぜ、よい結婚はあるのでしょうか。浮気もせずに道徳的でありさえすれば、平穏な結婚生活を送れるからです。では、なぜそれが楽しくないのでしょうか。スリルもサスペンスも悪徳も歓喜もないからです。「生」の躍動を感じられないのです。

📖 *Marriage is a romance in which the hero dies in the first chapter.*[3]
　結婚とは、ヒーローが第一章で死んでしまう恋物語だ。

—Cecilia Egan（セシリア・イーガン：生没不明）
オーストラリアの童話作家

　思わずほくそ笑んでしまいますが、ここで注目してほしいのは「ヒロイン」とはいわず、「ヒーロー」といっていることです。
　結婚に関する多くの名言は、男にとって結婚は愉快なものではない、ということをほのめかしています。次のような感慨をつぶやいた男もいます。

📖 *The only really happy folk are married women and single men.*[4]
　じっさいのところ、ほんとうに幸せな人間は、既婚女性と独身男性だけだ。

—Henry Mencken（→ p.048）

語句注

1. matrimony「結婚（している状態）・結婚生活」 compass「羅針盤」 **2**. wide open「いっぱいに開いた・広く開いた」 afterward(s)「その後（は）・あとで」 **3**. romance「ロマンス、恋愛小説」 **4**. the only ...「唯一の……」 folk(s)「人びと」（現在では "people" を用いるほうがふつう）

2-4 「恋愛の終わり」と「結婚」

　熱烈な恋愛が終わりを告げるのは時間の問題です。しかし、何によってそれがわかるのか。達人に聞いてみましょう。

📖 *How do you know love is gone? If you said that you would be there at seven and you get there by nine, and he or she has not called the police—it's gone.*[1]
　愛が去ってしまったってこと、どうしたらわかりますか。あなたが7時に行くといって9時前に着いたとしましょう。お相手がそれまでに警察を呼んでいなかったとしたら——愛は去ってしまったのです。
　　　　　　　　　—Marlene Dietrich（マレーネ・ディートリヒ: 1901-1992）
　　　　　　　　　　　　　　　　　　　ドイツ生まれの女優・歌手

　さすが、ジャン・ギャバンと浮名を流した女優だけのことはあります。いうことが違いますね。彼女はまた、Grumbling is the end of love.（不平がでるようになったら、愛はおしまい）とも語っています。でも、ちょっと要求レヴェルが高すぎやしませんか。というか、そもそもそんな完全無欠な恋人がいるものでしょうか。

📖 *We waste time looking for the perfect lover, instead of creating the perfect love.*[2]
　わたしたちは完璧な愛を育てる代わりに、完璧な恋人を探そうとやっきになっている。
　　　　　　　　　—Tom Robbins（トム・ロビンズ: 1932-）アメリカの小説家

　完璧な恋人があらわれるのを待つばかりで、わたしたちは愛を育てようとはしません。見つめて、褒めて、抱き合っていても、愛は育たないのです。

📖 *Love does not consist in gazing at each other, but in looking together in the same direction.*[3]

愛はお互いを見つめ合うことではく、ともに同じ方向を見ることだ。

—Antoine de Saint-Exupery（サン゠テグジュペリ: 1900-1944）
フランスの作家

　頭ではわかっていても、熱に浮かされているのが恋愛という状態です。そのまま結婚へと発展し、夢やぶれて離婚する者たちがいかに多いことか。

📖 *Love is being stupid together.*

恋とは、二人で一緒にバカになることである。

—Paul Valery（→ p.049）

　しかし、聡明な女は違います。彼女たちは恋愛を謳歌しても、結婚には慎重です。生涯をつうじて、恋人の誰とも結婚しなかっコ・シャネルは、その理由を聞かれて、次のように述べています。

📖 *I never wanted to weigh more heavily on a man than a bird.*[4]

あたしね、男にとって、小鳥以上の重たい存在になりたくなかったの。

—Coco Chanel（ココ・シャネル: 1883-1971）
フランスのファッションデザイナー

　見事な言いっぷりです。

語句注

1. gone「去って・なくなって」　**2**. waste time 〜ing「〜して時間をつぶす」 look for A「Aを探す」　instead of 〜ing「〜する代わりに」　**3**. consist in A「Aに存する・Aにある」　gaze at A「Aを見つめる」　**4**. weigh heavily on A「Aに重くのしかかる」

2-5 「恋愛」と「人の世の奥義」

いつまでも相思相愛でいたい。

どんなにそう欲しても、人は厭 (あ) きる。ときめきは消え失せ、美しい思い出は色褪せる。倦怠と嫌気が二人を覆うのは時間の問題です。

なだいなだは、「結婚」というものを次のように言いあらわしています。

📖 *Each day after you're married is a process of discovering your partner's faults one by one.*[1]
　結婚してからの一日一日は、相手の欠点を一つ一つ発見していく一日である。

—なだいなだ（1929-2013）精神科医

結婚とは、恋愛しているときに築きあげた幻想を壊していく過程といえます。問題はその壊し方です。美しく壊すか、醜く壊すか。

映画『いつも2人で』(*Two for the Road*) には次のような男女の会話があります。

📖 *Mark:　We should have parted then.*
　　　　あのとき別れるべきだった。
Joanna: Why didn't we?
　　　　なぜ、そうしなかったの？
Mark:　I didn't have the courage.
　　　　勇気がなかったんだ。
Joanna: You didn't have the courage. What courage did you need?
　　　　勇気がなかったって、どんな勇気が要ったっていうの？

Mark: *The courage to see that what was finished was finished.*[2]
もう終わっているということを見つめる勇気だよ。

　別れるには、現実を見つめる勇気がいるようです。であるなら、夫婦は次のように定義されてもいいでしょう。

📖 *A couple might be a man and woman who've failed to part.*[3]
夫婦というのは、別れそこなった男と女であるのかもしれない。

　しかし、世の中には思いきりのいい男女がいます。「恋愛は人世の秘鑰（ひやく）」（恋愛は人の世の奥義を知るための鍵である／北村透谷）を信奉する恋愛至上主義者たちは、いっこうに恋することをやめようとしはしません。なかには結婚し、離婚し、再婚をくりかえす人もいます。学習しようとしないのか、それとも理想の結婚を追い求めているのか。そうした人たちを横目に見て、次のようにからかう者がいます。

📖 *Marriage is the lack of judgment, divorce the lack of patience, and remarriage the lack of memory.*[4]
結婚は判断力の欠如であり、離婚は忍耐力の欠如であり、再婚は記憶力の欠如である。
—Armand Salacrou（アルマン・サラクルー：1899-1989）
フランスの劇作家

すこぶる愉快なエピグラムです。

語句注
1. a process of 〜ing「〜する過程」 one by one「ひとつずつ」　2. part「（人と）別れる」　3. might *do*「（ひょっとすると）〜かもしれない」 fail to *do*「〜しそこなう」　4. the lack of A「Aの欠如」 judgment「判断力・思慮・分別」 patience「忍耐力・我慢強さ」

2-6 「恋愛」の目撃者

恋愛についての本が相変わらず数多く出版されています。しかし、恋愛をしている男女は、そうした恋愛本を読もうとはしません。なぜでしょうか。彼らは恋愛に忙しくて、そんな本にかまけている暇はないからです。恋愛をしていない人と恋愛を願望する人だけがそのテの本を読んでいます。

書き手にしても、恋愛論の名手が恋愛上手とはかぎりません。というか、彼ら自身、恋愛が下手な人たちではないでしょうか。モテる男やモテる女は、日々の生活において恋愛がざくざく実ってしまうから、恋愛論など書いている暇はありません。恋することに恋している読者と、失恋をとおしてでしか恋愛を語れない書き手。そういう二人が手を握り合っているのではないでしょうか。

> *You can talk about love in general terms, but you can't talk about being in love in general terms.*[1]
>
> 愛というものは一般論で語れるけれども、しかし恋愛というものは一般論では語れない。

—『恋愛論』(橋本治：作家)

橋本治は「恋愛というものは一般論では語れない」といっていますが、そのとおりでしょう。しかし、巷 (ちまた) にあふれている多くの恋愛指南本は「恋愛」にかこつけた失恋本です。多くは至上の愛だの理想の恋人だのといっていますが、失恋のありさまばかりを教えています。

じっさい失恋は、たしかに恋愛が存在したことの証しです。失恋だけが、恋愛があったことを証明できるのです。

📖 *Let's get married in our next lives.*[2]
　こんど生まれてきたら、一緒になろうね。

　郷ひろみ & 松田聖子という二人の歌手がこう囁 (ささや) きあって別れたそうです。なんらかの事情あって結婚できない恋人同士は、よくこうしたことをいうのだそうです。「こんど生まれてきたら、一緒になろうね」と誓いあった二人が、人間ではなく、犬と猿に生まれかわったら、どうするつもりなのでしょうか。

📖 *A day playing*
　at Enoshima Beach —
　you have your future, I mine,
　and so we take no snapshots.[3]
　江ノ島に遊ぶ一日
　それぞれの
　未来があれば
　写真は撮らず

—『サラダ記念日』(俵万智：歌人)
英訳：Juliet Winters Carpenter

　恋愛は思い出として二人の心にあるだけです。他人はけっして見ることができません。

📖 *True love is like ghosts, which everybody talks about and few have seen.*[4]
　ほんとうの恋は幽霊と同じで、誰もがその話をするが、見た人はほとんどいない。

—La Rochefoucauld (→ p.039)

語句注
1. talk about A in general terms「Aについて大ざっぱに語る」 be in love「恋している、恋愛中である」 **2**. in one's next life「来世では」 **3**. I mineはI have my future のこと。**4**. S is like ...「S は……のようなものである」 few = few people

057

2-7 「恋愛」の記憶

　しょせん、この世はままならぬものです。「お金を目当てに結婚するのは、お金を得るもっとも難しい方法」（Marrying for money is the hardest way of getting it.）であったり、「休暇をほんとうに必要とするのは、休暇から戻ったあと」（The time you really need a vacation is when you've just come back from one.）だったりします。しかし、ままならぬものの最たるものといえば、それは「忘れてしまいたい人」でしょう。

📖 *People who we want to forget are those we have the most trouble forgetting.*[1]
　忘れてしまいたい人が、忘れがたい人である。

　「忘れてしまいたい人」がいつまでも記憶のなかに居すわると、心はいつしか病んでしまいます。しかし、齢を重ねていくうち、人間は知恵を得ます。どんな知恵か。ずばり、興味をなくす、のです。

📖 *When you lose interest in anything, you also lose the memory for it.*
　興味がなくなれば、記憶から消える。
　　　—Johann Wolfgang von Goethe（ゲーテ：1749-1832）ドイツの作家

　あるいは、あなたに喜びを与えてくれるものだけを思いだすように努めるのです。

📖 *Think only of the past as its remembrance gives you pleasure.*[2]
　過去の記憶が喜びを与えるくれるときのみ、過去について考えてみよ。
　　　—Jane Austen（ジェイン・オースティン：1775-1817）イギリスの小説家

　失恋の記憶を忘れて、求愛された記憶だけを覚えておくのもいいでしょう。恋愛小説の名手、田辺聖子の『苺をつぶしながら』という小説に、次のような一節があります。

　📖 *People forget those they've loved, but not those who've loved them.*

　　人は自分が愛したもののことは忘れても、自分を愛した人のことは忘れないものである。

　　　　　　　　　　　　　　　　　　—田辺聖子（1928-2019）小説家

　人間は身勝手な生きものです。それでなくては生きていけないからです。失恋経験をすべて覚えていては苦しくてしかたありません。明朗快活に生きていくには、いい思い出とともにあることです。

　樋口可南子は、糸井重里（コピーライター）に恋したとき、こんな発言をしています。

　📖 *I didn't fall in love with a married man. The man I fell in love with just happened to have a family.*[3]

　　奥さんのいる男性を好きになったんじゃないの。好きになった人にたまたま家庭があったの。

　　　　　　　　　　　　　　　　　　—樋口可南子（1958-）女優

　公序良俗が認めなくても、人は自分の気持ちを納得させるための方便を考えなくてはならないようです。

語句注

1. those（whom）...「……である人びと」　have the most trouble 〜ing「〜するのがきわめてやっかいである」　**2**. think of A「Aのことを思い出す」　as「〜のとき」（接続詞）　one's remembrance「過去の記憶・昔の思い出」　**3**. fall in love with A「Aに恋する」　happen to *do*「たまたま〜する」

2-8 「セックス」をめぐる騒動

　セックスは愛の結晶です。しかし、セックスと愛を分けて考える
人たちもいます。

📖 *The difference between sex and love is that sex relieves
tension. Love causes it.*[1]
　セックスと愛の違いは、セックスは緊張をやわらげてくれ、愛
は緊張をもたらすということだ。

—Woody Allen (→ p.047)

　なるほど、そういう関係にあったのですね。いっぽう、愛はとも
かく、セックスそれ自体を楽しもうという人もいます。

📖 *Sex is the most fun you can have without smiling.*[2]
　セックスって、にこりともしないで楽しめる最高のお楽しみね。

—Madonna (マドンナ: 1960-) アメリカの歌手

　とはいえ、セックスだけの関係にとどまらないのがセックスのや
っかいなところです。セックスを次のように定義する人がいます。

📖 *Sex: the thing that takes up the least amount of time and
causes the most amount of trouble.*[3]
　セックス——最小の時間で、最大の悩みをもたらすもの。

—John Barrymore (ジョン・バリモア: 1882-1942) アメリカの俳優

　セックスをしてしまったばかりに、裁判や離婚など、さまざまな
問題に直面せざるをえなかった人たちもいます。

📖 *The big difference between sex for money and sex for free is that sex for money usually costs a lot less.*[4]

お金を払ってするセックスと、お金を払わずにやるセックスの大きな違いは、お金を払ってするセックスのほうがずっと安あがりだということである。

—Brendan Francis Aidan Behan (ブレンダン・フランシス・ビーハン: 1923-1964) アイルランドの作家

このようにわりきっている人もいます。

それどころか、なかには、セックスはしない、と決意している人もいます。

📖 *Of all the sexual aberrations, perhaps the most peculiar is chastity.*[5]

数ある性的倒錯のなかでも、おそらくいちばん奇っ怪なのは貞操というものであろう。

—Remy de Gourmont (レミ・ド・グールモン: 1858-1915)
フランスの作家

困ったことに、セックスをせずに純潔や貞淑をよそおっても、性的倒錯者のレッテルを貼られかねないのです。

語句注

1. the difference between A and B「A と B の差異」 relieve tension「緊張を緩和する」 cause A「A を引き起こす」 it = tension **2**. have fun「楽しむ」 **3**. take up A「A (時間・場所など) を占有する」 **4**. cost a lot less「ずっと安上がりである」 a lot「(比較級を強めて) ずいぶんと・よりいっそう」 **5**. aberration「逸脱・異常・錯乱」 the most peculiar (aberration)「もっとも奇っ怪な倒錯」 chastity「貞操・純潔」

2-9 「永遠の愛」への小径

浮気をしない男はいるのでしょうか。

📖 *What's the point of looking for a man who will be faithful? If he's faithful, he's sick.*[1]
誠実な男を探したってむだよ。誠実な男がいたら、そいつは病気よ。

—Zsa Zsa Gabor (ザ・ザ・ガボール: 1917-2016)
ハンガリー生まれのアメリカの女優

ザ・ザ・ガボール (英語の発音は「ジャ・ジャ・ガボーア」に近い) は、驚くなかれ、9回も結婚しています。自伝では「なによりも私は結婚するのが大好きだ」と書いています。どうやら結婚が趣味のようです。彼女には「永遠の愛」(eternal love / everlasting love) はなかったのでしょうか。

人びとは結婚の際、I will always love you. (あなたを永遠に愛します) と誓いますが、それが真実でなかったことは、無数の離婚が証明しています。

📖 *Love vanquishes time.*[2]
愛は時間を征服する。

この言いまわしは、愛は永遠に続くものだといっているのではなく、どんな愛にもその一瞬が永遠に思えるときがあると解釈すべきです。

とはいえ、「永遠の愛」を実感している人たちもいます。果たして、「永遠の愛」をつらぬきとおす秘訣はあるのでしょうか。

📖 *A successful marriage requires falling in love many times, always with the same person.*

結婚を成功させるには、何回も恋に落ちなきゃ、それもいつも同じ人にね。

—Mignon McLaughlin (ミニヨン・マクローリン: 1913-1983)
アメリカのジャーナリスト

　口ではそういうが、それは難事というものでしょう。それも、ちゃんと言葉にして言いあらわさないといけないようです。

📖 *It's a presumption to think that you can convey love without saying anything.*[3]

「言葉にしなくても愛は伝わるはず」は思い上りというものです。

—柴門ふみ (1957-) 漫画家・エッセイスト

　「好きだよ」とか「愛している」と四六時中いわなくては、「永遠の愛」は手にすることができないのです。愛している、愛されているという実感こそが、「永遠の愛」につながる小径のようです。

📖 *There is no surprise more magical than the surprise of being loved: It is God's finger on man's shoulder.*[4]

愛されているという驚きくらい、神秘的な驚きは存在しない。それは人間の肩におかれた神の指だ。

—Charles Morgan (チャールズ・モーガン: 1894-1958)
イギリスの作家

語句注

1. What's the point of ～ing?「～することにどんな意味があろうか (いや、ない)」　**2**. vanquish A「A を征服する・A を克服する・A を打ち負かす」　**3**. presumption「(厚かましい) 想定・(図々しい) 推定」　convey A「A を伝える」
4. There is no surprise more magical than ...「……より神秘的な驚きはない」

2-10 男による「女」とは

　人は年をとると、さまざまな事柄に対して一家言をもつようにな
ります。なかでも男が女に対して、また女が男に対してのそれは、
数量の点において、他の分野をはるかに凌駕しています。まずは、
男の目からみた「女」をご紹介しましょう。

📖 *A woman's guess is much more accurate than a man's certainty.*[1]
女の憶測は、男の確信よりもずっと正確である。
—Rudyard Kipling（ラドヤード・キプリング：1865-1936）
イギリスの作家

📖 *Men always want to be a woman's first love. Women like to be a man's last romance.*[2]
男は女の最初の恋人になりたがるが、女は男の最後の恋人になりたがる。
—Oscar Wilde（→ p.018）

📖 *To find out a girl's faults, praise her to her girlfriends.*[3]
女の欠点を知ろうと思ったら、その女友だちの前で彼女を賞賛してみることだ。
—Benjamin Franklin（→ p.014）

📖 *Even the wisest men make fools of themselves about women, and even the most foolish women are wise about men.*
どんなに賢い男も、こと女性のこととなると愚かなことをするが、女はどんなに愚かであっても、男のこととなると賢くなる。
—Theodor Reik（テオドール・ライク：1888-1969）
オーストリア生まれのアメリカの精神分析医

📖 *A man's face is his autobiography. A woman's face is her work of fiction.*

男の顔は自伝である。女の顔は作り話である。

—Oscar Wilde

📖 *You see an awful lot of smart guys with dumb women, but you hardly ever see a smart woman with a dumb guy.*[4]

頭のいい男にバカな女がくっついているのはよく目にするが、頭のいい女にバカな男がくっついていることはめったにない。

—Clint Eastwood（クリント・イーストウッド：1930-）
アメリカの俳優・映画監督

男から見た女は、恋愛偏差値が高く、男を狂わせる存在のようです。日本には、次のように喝破した男がいました。

📖 *Women were where I matured.*[5]

女は俺の成熟する場所であった。

—小林秀雄（→ p.021）

あらゆる意味で目配りのきいた、小林秀雄ならではの決め言葉です。女は「書物に傍点をほどこしてはこの世を理解して行こうとした俺の小癪（こしゃく）な夢を一挙に破ってくれた」そうです。なんという言いっぷりでしょう。こんな男がモテないわけがありません。

語句注

1. guess「憶測・当てずっぽう」 certainty「確信・たしかな見込み」 **2**. love「恋人・大好きな人」 **3**. find out A「A を突き止める」 praise A「A を褒める・A を賞賛する」 **4**. an awful lot of A「実にたくさんの A」 hardly ever ...「めったに……ない」（= rarely） **5**. mature「成熟する・大人になる」

2-11 女による「男」とは

　女をどう思うかは、男によって違います。聖女と崇(あが)めたてまつる男もいれば、魔性の権化(ごんげ)とみる向きもあります。女は「男」を、そしてまた「女」をどうみているのでしょうか。

📖 *The curve is more powerful than the sword.*[1]
曲線美は剣よりも強し。
—Mae West（メイ・ウエスト: 1893-1980）アメリカの女優

📖 *To be happy with a man you must understand him a lot and love him a little. To be happy with a woman you must love her a lot and not try to understand her at all.*
男と幸せでいたいのなら、彼を深く理解し、少しだけ愛すること。女と幸せでいたいのなら、彼女を深く愛し、いっさい理解しようとしないこと。
—Helen Rowland（ヘレン・ローランド: 1875-1950）
アメリカのユーモア作家

📖 *As long as you know men are like children, you know everything.*[2]
男は子どもみたいなもの、ということがわかったのなら、あなたはすべてを知ったということになるわね。
—Coco Chanel（→ p.053）

📖 *Plain women know more about men than beautiful women do.*[3]
器量の悪い女のほうが、美人よりも男についてよく知っている。
—Katharine Hepburn（→ p.043）

📖 *Not being beautiful was the true blessing. Not being beautiful forced me to develop my inner resources. The pretty girl has a handicap to overcome.*[4]

美しくないことは、まさしく天からいただいた恵みです。私は美しくなかったから、内に秘めた能力を高めるしかなかったのです。美人は困難を乗り越えるには不利ね。

—Golda Meir（ゴルダ・メイア: 1898-1978）イスラエルの首相

　最後は、「憤怒の作家」と異名をとる、わが日本の女流小説家にご登場を願いましょう。『私の中の男たち』からの引用です。

📖 *A real man should praise women, get down on his knees in front of women, and devote himself to satisfying women, regardless of the women's age or beauty.*[5]

いやしくも男たる者は、老若美醜を問わず、すべての女を讃美し、跪（ひざまず）き、身を献じて女を充足させなければならぬ。

—佐藤愛子（1923-）小説家

　このあとの一文が男たちを震えあがらせます。「その志なくしてただいたずらに女のより好みをする男は色道のクズである」と一刀両断なさっています。女が好きなら、女好きらしく、選り好みをせず、すべての女を讃美し、全身全霊をもってことにあたれ、それこそが色の道である、とおっしゃるのです。

　春夏秋冬、愛子先生はコワい。

語句注

1. The sword is mightier than the sword.（ペンは剣よりも強し）のもじり。
2. as long as ...「もし……であるのなら」　**3**. plain「（女性が）器量の悪い」
4. inner resources「内部資源・内に秘めた力」　overcome A「A を克服する・A を乗り越える」　**5**. get down on one's knees「ひざまずく」　devote oneself to ~ing「~することに身を捧げる」　regardless of A「A とは無関係に」

To love is to suffer.
To avoid suffering one must not love.
But then one suffers from not loving.

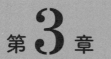

第**3**章 「成功」の正体

3-1 「成功」と「失敗」の因果関係

まわりを見渡せば、誰もが成功を手にしようとして躍起になっています。しかし成功は、失敗があってはじめてつかむことができるものだということに多くの人は気づいていません。

📖 *To learn to succeed, you must first learn to fail.*
成功を学ぶためには、まず失敗を学ばねばならない。
—Michael Jordan（マイケル・ジョーダン: 1963-）
アメリカのバスケットボール選手

その輝かしい実績から「バスケットボールの神様」といわれたマイケル・ジョーダンの言葉だからなおさら重みがあります。彼はさらにこう述べています。

📖 *I've missed over 9,000 shots in my career. I've lost almost 300 games. Twenty-six times I've been trusted to take the game-winning shot and missed. I've failed over and over again in my life. And that is why I succeeded.*[1]
これまでに外したシュートは9,000以上、負けた試合がほぼ300試合、26回はウィニング・ショットを任されて外した。ぼくは何度も何度も失敗してきた。でもね、それが成功の理由なんだ。

驚異的な運動能力を身につけ、ジャンプの滞空時間が長いことから「エアー（Air）」という愛称で呼ばれ、バスケットボール界において「史上最高」と讃えられているプレイヤーの言葉です。

逆に、戒められているのは、「成功」がひきよせる陥穽（かんせい）です。賢者たちの知恵をあつめると、失敗を言いたてるよりも、成功がもたらす尊大さを戒める言葉のほうが多いのに気づかされます。

📖 *Too much success can ruin you as surely as too much failure.*[2]

大きすぎる成功は、大きすぎる失敗と同様、確実に人間をだめにする。

—Marlon Brando（マーロン・ブランド: 1924-2004）アメリカの俳優

　マーロン・ブランドは、若いころに映画『乱暴者』(*The Wild One*) や『波止場』(*On the Waterfront*) の演技が高く評価されると、自分勝手にふるまうようになり、その傲慢さゆえにまわりから相手にされなくなっていきます。『ゴッドファーザー』(*The Godfather*) で第一線に復帰できたのは、50歳近くなってからです。

📖 *Premature success gives one an almost mystical conception of destiny as opposed to will power — at its worst the Napoleonic delusion.*[3]

若くして成功をおさめてしまうと、人は意志力の代わりに、神秘的な運命を感じてしまう——最悪の場合、ナポレオン級の妄想に陥るはめになる。

—Scott Fitzgerald（スコット・フィッツジェラルド: 1896-1940）
アメリカの小説家

　若くして成功して天狗になってしまうと、そこからの道はどうやら失敗の石で敷き詰められてしまうようです。好漢、自重せよ。

語句注

1. be trusted to *do*「信頼されて〜する」　over and over again「くりかえし・何度も」　**2.** ruin A「Aを破滅させる・Aをだめにする」　surely「確実に」　**3.** premature「時期早尚の・早すぎた」　A as opposed to B「Bと対照的なA」at one's worst「最悪の場合には」　Napoleonic「ナポレオンのような」delusion「妄想」

3-2 「失敗」の効用

　失敗はしたくないものです。しかし、失敗をいたずらに忌避しようとすると、新しいことにチャレンジすることに臆病になってしまいます。挑戦しなければ失敗もないのですが、進歩や進化はそこで止まってしまいます。

📖 *Anyone who has never made a mistake has never tried anything new.*[1]
　失敗したことのない人は、新しいことにひとつも挑戦しなかった人である。

—Albert Einstein（アルベルト・アインシュタイン：1879-1955）
ドイツ生まれの理論物理学者

　じっさい、人類の進歩は失敗のうえに築かれてきました。
　この言葉の背後には、「失敗したっていいじゃないか。新しいことに挑戦していく気概のほうが大事だ」という励ましがあります。

📖 *Don't be afraid of making mistakes; be afraid of not trying.*
　チャレンジして失敗することを恐れるよりも、何もしないことを恐れろ。

—本田宗一郎（1906-1991）ホンダの創業者

　本田宗一郎の人生は、まさに「挑戦の人生」でした。もちろん失敗も数多く重ねています。しかし、彼はその先の成功を目指して挑戦しつづけたのでした。
　英語のことわざに、**If at first you don't succeed, try, try, try again.**（最初はうまくいかなくても、何度でも挑戦してみよ）というのがありますが、本田宗一郎はまさにその教えを体現したのでした。

　スポーツ界のスーパースター、マイケル・ジョーダンは、挑戦することについて、次のような感慨を口にしています。

📖 *I can accept failure, everyone fails at something. But I can't accept not trying.*[2]
失敗をすることは耐えられる。誰もが何かに失敗するからね。でも挑戦しないでいることは耐えられない。

—Michael Jordan（→ p.070）

　未来への扉を閉ざしてしまうのは、失敗することではなく、失敗を恐れて何もしようとはしないという態度です。アメリカ人を見ていると、It's okay to make mistakes.（失敗したっていいんだよ）と励ましているのをよく目にしますが、日本人はもっと失敗と成功のメカニズムを学んだほうがいいのではないでしょうか。とりわけ、指導者や上司は、失敗と成功のメカニズムを解明し、失敗の本質と効用をもっと語るべきです。

📖 *The only way you are going to have success is to have lots of failures first.*[3]
成功を手にしたいのなら、まず山のような失敗を重ねることだ。

—Sergey Brin（セルゲイ・ブリン: 1973-）グーグルの共同創業者

　失敗は成功への第一歩である。失敗は誰もが経験することであり、それを教訓として努力しないかぎり成功はないのです。大切なのは、失敗してもへこたれない気概をもつことです。

語句注
1. anyone who ...「……する人は誰でも」　**2**. failure「失敗」　fail at A「A（行為・試み・事業など）に失敗する」　**3**. The only way ...「...... する唯一の方法」

3-3 「失敗」から学ぶ

どんな人間が「危機」に強いのでしょうか。

一代で自社を世界一のモーター・メーカーに築きあげた永守重信はこう断言しています。

📖 *A crisis-resistant person is one who has experienced a setback.*[1]
危機に強い人間とは、挫折を経験した人間だ。

— 永守重信（1944-）日本電産の創業者

永守は、失敗を重ね、挫折を経験した人こそが危機に強く、その危機を乗り切った者だけが成功を手にするとくりかえし述べています。

永守がたどりついた経営哲学に「すぐやる、必ずやる、できるまでやる」と「情熱、熱意、執念」がありますが、そこには失敗から学びとった、ただならぬ気迫がほとばしっています。

わたしたちは誰もが失敗と挫折を経験します。しかし、そこから何かを学びとる人と学びとらない人がいます。学びとらない人はまた同じ過ちをおかしてしまいます。

『論語』（衛霊公）にはこうあります。

📖 *A person who has committed a mistake and doesn't correct it is committing another mistake.*[2]
過（あやま）ちて改めざる、これを過ちという。

「過ちは誰もがおかすが、過ちと知っていながら悔い改めないのがほんとうの過ちである」というのです。

ここに打率4割を誇るプロ野球選手がいると仮定しましょう。打率4割といえば、日本プロ野球史上、いまだ誰も成し遂げたことの

ない偉業です。4割という数字を逆から眺めてみると、この強打者はなんと6割も失敗しているのです。だとしたら、彼が2割打者と違う点は何でしょうか。おそらく彼は失敗から多くのことを学んだにちがいありません。

🔖 *Failure is not the opposite of success; it's a part of success. The only true failure is when you didn't try.*[3]
失敗は成功の反意語ではありません。成功の一部です。ほんとうの失敗とはチャレンジしなかったときのことをいうのです。
—Arianna Huffington (アリアナ・ハフィントン: 1950-)
アメリカのコラムニスト

🔖 *Failure teaches success.*
失敗は成功のもと。

🔖 *Every failure is a stepping stone that leads to success.*[4]
どんな失敗も成功へつながる布石になる。

「失敗は成功の一部である」と考えてみよう。そうすれば、失敗に対する考え方も変わってくるはずです。ロバート・キヨサキは、学校秀才が成功できない理由を次のように分析しています。

🔖 *In the real world, the smartest people are people who make mistakes and learn. In school, the smartest people don't make mistakes.*[5]
実社会でもっとも賢い人は、間違えてもそこから学ぶ人だ。学校でいちばん賢い子は間違えない子だ。
—Robert Kiyosaki (ロバート・キヨサキ: 1947-) アメリカの投資家

語句注
1. crisis-resistant「危機に強い」 setback「挫折」 **2.** commit a mistake「過ちをおかす」 correct A「Aを修正する」 **3.** the opposite of A「Aの正反対・Aの反意語」 **4.** a stepping stone「（昇進・出世などへの）足がかり・手段」 **5.** smart「賢い・頭のよい」

3-4 「成功」に必要なもの

　誰もが、なんらかの才能を持っています。しかし、才能を開花させるには不断の努力を要します。

📖 *Everybody has talent, but ability takes hard work.*[1]
　　誰もが才能を持っているが、能力を発揮するには努力が必要だ。
　　　　　　　　　　　　　　　　　　　　　　　—Michael Jordan（→ p.070）

　成功には、才能に加え、トレーニングが必要です。複雑なことをうまくこなすには、才能だけではなく、それ相当の練習量が必要だというデータは、研究者たちの調査にくりかえしあらわれています。アメリカ人ジャーナリスト、マルコム・グラッドウェル（Malcolm Gladwell）は「偉大な成功者には共通のルールがある」という興味ぶかい報告をしています。要約してみましょう。

　《成功には、才能にくわえてトレーニングが必要だ。しかし、才能のある人の経歴を調べれば調べるほど、持って生まれた才能よりも、トレーニングの役割のほうが大きいように思われる。起業家、バスケットボール選手、ヴァイオリニスト、小説家、チェスの名人など、さまざまな分野で「天才」と呼ばれるようになった人たちに共通しているのは、それまでに打ち込んできた時間がほぼ「1万時間」である。》

　1万時間——このマジック・ナンバー（魔法の数字）が、天才といわれる人たちに共通するトレーニング時間です。1万時間というのは途方もなく膨大な量の時間に思われますが、1日3時間のトレーニングを10年間続ける計算になります。
　また、脳神経学者のダニエル・レヴィティン（Daniel Levitin）は「1万時間より短い時間で、真に世界的レヴェルに達した例を見つ

けた調査はない。まるで脳がそれだけの時間を必要としているようだ」と分析しています。ここでも、また1万時間です。

　天才とは量をこなせる人です。それも1万時間という量を。

　マイケル・ジョーダンはこう力説しています。

📖 *Success isn't something you chase. It's something you have to put forth the effort for constantly. Then maybe it'll come when you least expect it. Most people don't understand that.*[2]

成功はやみくもに追い求めるものじゃない。それに向かってたゆまぬ努力をしているうちに手にするものだ。思いがけないときに向こうからやってくるんだ。それがわかっていない人が多すぎる。

　どうやら成功は、宝くじに当たるようなものではなく、準備している人に訪れるようです。

📖 *There is no elevator to success.*
You have to take the stairs.[3]

成功へのエレベーターはない。
階段をのぼるだけ。

　　　　—Zig Ziglar（ジグ・ジグラー：1926-2012）アメリカの自己啓発作家

　あせらず、あわてず、あきらめない。穏やかに一歩一歩のぼっていけば、成功はだんだん近づいてくるようです。

語句注

1. talent「才能」　hard work「努力」　**2**. chase A「A を追い求める」　put forth the effort for A「A に向かって努力する」（put forth A「A を発揮する」）　when you least expect it「思いも寄らないときに」　least「（動詞を修飾して）もっとも〜でない」　**3**. take the stairs「階段を使う」

3-5 「上達」の極意

　習いごとを始めても、「上手になるまでは周囲の人には披露しないでおこう」という人がけっこういます。しかし、そういう人は、いっこうにうまくなることがありません。『徒然草』第百五十段にはこう書かれています（わかりやすく現代語訳にしてあります）。

📖 *A man who is trying to learn some art is apt to say, "I won't rush things and tell people I am practicing while I am still a beginner. I'll study by myself, and only when I have mastered the art will I perform before people. How impressed they'll be then!" People who speak in this fashion will never learn any art.*[1]

　芸事を身につけようとする人は、「上手にできるようになるまでは、人に知られないようにこっそりと習って、うまくなってから出ていったら格好がいいだろう」といつもいう。しかし、そういう人にかぎってひとつも芸が身につかないものだ。

―吉田兼好（1283?-1352?）歌人・随筆家
英訳：Donald Keene

　『徒然草』は吉田兼好によって、鎌倉時代の後期（1310年から1311年ごろ）に書かれた随筆ですが、その当時からそこかしこに完璧主義者はいたようです。

　こっそりと習って上手になったら披露しようとなどと思っていたら、いつまでたっても身につきません。兼好は「一芸も習ひ得（う）ることなし」ときっぱり言いきっています。

　「間違えながら身につける」のが上達への近道ですが、残念ながら日本人は「間違える」ということをひどく怖がります。たぶんそれは学校教育における減点主義の“成果”なのでしょうが、そうし

た厳格さというか、狭量は是正されなくてはなりません。

では、習いごとを身につけるにはどうしたらいいのでしょうか。兼好はこう続けます。

《芸が未熟なうちに、うまい人のなかに入って、けなされ嘲笑されても、恥ずかしがらずに稽古に熱心にかよううち、生まれつきの才能がなくても、停滞せずにコツコツとやっていけば、年月が経てば、器用で上手なあまり稽古をしない人よりも、人品が備わり、世間の人から認められて、名人になることもできる。》

じっさい、意欲をもって長時間におよんで学習しても、羞恥心があると、誤りを犯すことを恐れ、それが結果的に習得を阻害してしまうものです。

📖 *If you have a passive attitude, you'll have difficulty learning an art.*[2]
消極的な姿勢でいると、芸事はなかなか身につかない。

ものごとの習得は、能力（aptitude）よりも心構え（attitude）に大きく左右されます。

📖 *Never be shy.*
内気でいてはだめ。

しかし、日本人は世界に冠たる「恥ずかしがりや」ときています。謙譲はときに美徳ですが、ものごとを習得しようとするときに内気であってはなかなか身につきません。「内気の壁」（shyness barrier）をいかに克服できるか。ものごとの上達はそこにかかっているようです。

語句注

1. art「芸・芸事」 be apt to *do*「〜しがちである」 rush A「Aを大急ぎでやる」 only when ...「……してはじめて」（否定の副詞節が文頭に出たため、"will I perform"という語順になっている） **2**. have difficulty 〜ing「〜するのが難しい」

3-6 「継続」は力なり

　あきらめの早い人がいる。なかには、たった一度の挑戦であきらめてしまう人たちもいます。あきらめのいい人は、じつはものごとを合理的に考える器用な人たちであるようです。

　多くの弟子をもつ宮大工の小川三夫さんによれば、器用な人間は器用に溺れて一心が固まらないといいます。自分ができると思っているから「ここでいい」という線を読んでしまい、深いところまで到達できないというのです。

　いっぽう不器用はどうか。素直さと根気づよさがあれば、一段ずつ階段をのぼっていき、着実に上手の人となるらしい。名人といわれる匠（たくみ）は、じつは不器用が多いのだそうです。いわく、「不器用の一心に勝る名人はいない」。

📖 *Our greatest weakness lies in giving up. The most certain way to succeed is always to try just one more time.*[1]
　わたしたちの最大の弱点はあきらめることにある。成功するのにもっとも確実な方法は、つねにもう一度だけ試してみることだ。
　　—Thomas Edison（トマス・エジソン: 1847-1931）アメリカの発明家

　「継続は力なり」を座右の銘（my favorite motto）にしている人は数しれません。英語では次のようにいいます。

📖 *Persistence pays off.*[2]
　忍耐力は報われる。

📖 *Continuity is the father of success.*
　継続は成功の父。

　「継続は力なり」とは、挫けずに続けていくことの大切さを述べ

た箴言です。たしかに、なにごとにおいても続けなければ結果をだすことはできません。たゆまぬ努力を重ねていけば、なんらかの成果を生みだすことができる。そうしたことをこの格言は教えています。

野球の世界で数々の偉業を成し遂げたイチロー選手もそのひとりです。イチローは選手時代、以下のフレーズをアメリカの子どもたちによく書いていました。

📖 *Practice makes perfect.*[3]
練習は嘘をつかない。

英語の世界ではよく知られた言いまわしです。「練習こそが完璧にする」というのです。日本人がいうところの「練習は嘘をつかない」にあたります。

📖 *Hard work beats talent when talent doesn't work hard.*
努力に勝る天才なし。

これもアメリカ人が好んで口にする表現です。「才能があっても努力をしなければ、努力は才能を打ち負かす」のです。偉業は日々の努力の積み重ねによって達成されるというわけです。

📖 *Great things are not done by impulse, but by a series of small things brought together.*[4]
偉業は衝動ではなく、小さなことの積み重ねによって成し遂げられる。
—Vincent van Gogh（フィンセント・ファン・ゴッホ: 1853-1890）
オランダの画家

語句注

1. give up「あきらめる・断念する」 **2**. pay off「（計画・努力などが）実を結ぶ・うまく行く」 **3**. Practice makes (you) perfect. と考えればわかりやすい。 **4**. a series of A「一連の A」 brought together（まとめられた・くっつけられた）は "small things" を修飾する形容詞句。

3-7 「忍耐力」のある者は虹を見る

　功をあせってばかりでは成功はおぼつきません。「急 (せ) いては事を仕損じる」(Haste makes waste.) のです。

📖 *Anything worth doing is worth doing well.*[1]
　成すに足ることは、立派に成し遂げる価値がある。

　やる価値のあるものは、努力を傾注しなければならないし、またそれなりの時間もかかります。とうぜん辛抱強さも求められます。

📖 *All good things come to those who wait.*
　よきことはすべて、待つ人にやってくる。

　これは「待てば海路の日和 (ひより) あり」にあたる表現です。辛抱強く待っていれば、状況はおのずと改善する、と教えています。

📖 *Continuous effort—not strength or intelligence—is the key to unlocking our potential.*[2]
　強さでも賢さでもなく、たゆまぬ努力こそが潜在能力を解き放つ鍵である。

—Winston Churchill (→ p.019)

　「石の上にも三年」は、冷たい石の上でも3年続けて座っていれば温かくなるというところから、辛抱すればやがては成功するという意味で用いられますが、これを英語で、Three years on a (cold) stone (will make the stone warm). といってもつうじません。

📖 *Perseverance prevails.*
　石の上にも三年。

英語圏の人たちは、perseverance（不屈の根性）が prevail（打ち克つ）と表現します。

能力を伸ばすにせよ、才能をみがくにせよ、一朝一夕に成就するものではありません。成果を得るには苦労がつきものなのです。

📖 *If you want the rainbow, you gotta put up with the rain.*[3]
　虹を見たければ、ちょっとやそっとの雨は我慢しなくっちゃ。
　　　　　—Dolly Parton（ドリー・パートン: 1946-）アメリカの歌手・女優

そこでよくいわれるのが、patience（我慢強さ）は人生を切り拓くという戒めです。

📖 *Patience is a virtue.*[4]
　忍耐は美徳である。

しかし、わずかな苦労もいやで、耐えることから逃げようとする者もいます。

📖 *If you can't stand the heat, get out of the kitchen.*[5]
　熱さに耐えられないのなら、調理場から出ていけ。

不平ばかりもらしている人に「やる気がないのなら、やめてしまえ」という一発をかますときの常套句です。

語句注

1. be worth 〜ing「〜する価値がある」　2. the key to A「A の鍵・A の秘訣」 unlock A「A（能力など）を解き放つ」　potential「（天性の）才能・素質」　3. gotta「〜しなければならない」（= have got to）　put up with A「A を我慢する」　4. patience「忍耐力・冷静さ」　virtue「美点・徳目」　5. stand A「A に耐える」

3-8 「天才」という名の努力家

《日本人は「天才」という言葉を使いすぎるのではないだろうか。外国語を二つほどしゃべれたり、アフリカの国々の名前をすべて諳 (そら) んずることができたりすると、それだけで「天才」扱いされる。》

こう述べるのは碩学・ドナルド・キーン（Donald Keene：文芸評論家）です。

先年、あるドイツ人に「日本人は天才という言葉がほんとうに好きですね」と皮肉まじりにいわれた。「数学の天才」「お笑いの天才」「営業の天才」「ナンパの天才」——まるで、天才の大安売りじゃありませんか。そういわれて大きくうなずいてしまった。あらためて指摘されると、わたしたち日本人は「天才」好きであることがよくわかります。

少なくとも西洋の人たちは、「天才」というものはきわめて稀少な存在であり、ゆえに「天才」なる言葉は神聖であり、むやみに乱発するものではないと考えています。

Genius is a little boy chasing a butterfly up a mountain. (天才とは蝶を追って山の頂まで行ってしまう少年のようなもの) といったのはジョン・スタインベック（John Steinbeck）ですが、"genius"という言葉にはどこかしら無垢、神聖、神秘といったものが漂っています。"genius"の原義が「守り神」であることを考えれば、なるほどとうなずけます。

また日本では、天才を、何の苦労もせずに大きなことを成し遂げた人、あるいはふと突拍子もないことを思いつく「変人」というイメージでとらえている人もいます。しかし欧米では、天才を「努力家」だとみなすことが多いのです。

📖 *Genius is one percent inspiration and ninety-nine percent perspiration.*

天才とは、1パーセントのひらめきと、99パーセントの努力である。

—Thomas Edison (→ p.080)

これが天才による、天才の定義です。inspiration（ひらめき）とperspiration（努力）が韻を踏んでいて覚えやすく、世界じゅうで知られる名言となっています。

エジソンは、映画、電話、レコード、CD など、現代文明の基礎をつくりあげた発明家です。人は彼を天才と呼びましたが、彼はみずからを努力の人とみなしました。

エジソンはどれほどの時間と労力を発明に費やしたのでしょうか。じっさい白熱電灯の発見にこぎつけるまで、じつに1万回を超える実験に失敗し、人びとの嘲笑を買っていたといわれています。

📖 *I have not failed. I've just found 10,000 ways that won't work.*[1]

失敗したわけじゃない。1万ものうまくいきそうにない方法を見つけたところだ。

天才とは、量をこなせる人であり、その努力が苦にならない人であると定義してもよいでしょう。英語では、次のようにいえばうまく伝わります。

📖 *Genius is an infinite capacity for taking pains.*[2]

天才というのは、無限に努力できる能力のことである。

語句注

1. work「うまくいく」 **2**. infinite「無限の」 capacity「（知的）能力」 take pains「苦労する・努力する」

3-9 「習慣」が人をつくる

どんなことも、着手したときがもっとも難しく感じられます。

📖 *All things are difficult before they are easy.*
どんなことも最初が難しく、やがてやさしくなる。
—Thomas Fuller（トマス・フラー：1608-1661）
イギリスの聖職者・歴史家

しかし、大きなプロジェクトをまえにすると、果たしてこんな難事業が自分にできるのだろうかと不安になります。

過日、ある出版企画のことでアメリカ人の大学教授に相談を持ちかけた。「ずいぶんと時間と労力がかかりそうなんだ。どうしたらいいのか悩んでいる」と告白すると、どんなに大きな事業も小さく分けて日課にしてしまえば、困難な仕事も容易なものになるはず（Breaking up a bigger task into smaller jobs and making them part of your daily routine makes it easier to tackle the hard jobs.）と助言してくれました。

📖 *Nothing is particularly hard if you divide it into small jobs.*[1]
仕事を小分けにしてしまえば、とりたてて難しいものはない。
—Henry Ford（ヘンリー・フォード：1863-1947）アメリカの企業家

たしかに、小分けにすることで仕事は楽になるものです。フォードが開発したベルトコンベア式の流れ作業も、仕事を小さく刻むという発想から生まれたものです。

もうひとつは「習慣化」することです。習慣化してしまえば、手間のかかる仕事もべつだん苦ではなくなります。

📖 *It is important to make it part of your daily routine.*[2]
大事なのは習慣化すること。

　成果は、いっときの衝動的情熱ではなく、継続的な積み重ねによってもたらされます。

　習慣はまた、あなた自身を変えることにもなります。身についた習慣は、いつしか生まれついた性質のようになるからです。ギリシャの哲学者、アリストテレス（Aristoteles：紀元前384-322）は、「わたしたちとは、くりかえしなされるもの」(We are what we repeatedly do.) と述べています。

　有名な英語の格言に、次のようなものがあります。

📖 *Habit is second nature.*[3]
習慣は第二の天性。

　偉人とか名人と呼ばれる人は、「習慣が人をつくる」を座右の銘にしていることがじつに多い。ジョン・ドライデン、カント、マザー・テレサ、マーガレット・サッチャー......すぐれた人物の名が次々と浮かびます。

📖 *We first make our habits, and then our habits make us.*[4]
人がまず習慣をつくり、それから習慣が人をつくる。
　　　　　　　　　　　　—John Dryden（ジョン・ドライデン：1631-1700)
　　　　　　　　　　　　　　　　　　イングランドの詩人・文芸評論家

　現代では、短くして、次のようにいいます。

📖 *Your habits make you.*
習慣が人をつくる。

語句注

1. divide A into B「A を B に分ける」　**2**. part of your daily routine「日課の一部」
3. habit「（個人の）習慣」　*cf.* custom「（社会の）慣習・しきたり」　**4**. first
〜 and then ...「まず〜、それから......」

3-10 「自立心」と「依存心」

　大学入試にもよく出題されるので、次の格言をご存じの方は数多くいるでしょう。

🕮 *God [Heaven] helps those who help themselves.*
　自分でやりなさい。

　日本では、「天はみずから助くるものを助く」という訳文があてられることが多いのですが、じつはそれほど大仰なものではなく、アメリカでは、気軽に「自分自身でやりなさい」という感じで使われています。

　たとえば、「宿題を手伝って」という子どもに向かって、親が "God helps those who help themselves." と答えるといった具合です。このフレーズには、自立心の強い子どもになってほしいと願う親心が込められています。

　アメリカに入植し始めたヨーロッパ人は、なにはさておき頼れるのは自分だけでした。やがて19世紀の開拓時代がやってくると、彼らは全米各地へ散らばっていきます。荒野のなかで生きていくには団結することも必要でしたが、生存と適応の決め手になったのはなにより個人の知恵でした。

　「他人に頼らず自分でやる」という姿勢は尊重すべき美徳としてアメリカ人の心に刻まれていますが、それは開拓時代から親から子へずっと伝えられてきた教えなのです。

　アメリカ人がいまでも、家屋の改築やペンキ塗り、車の修理や造園など、できることはなんでも自分の手でやろうとするのは、伝統的に受け継がれてきた「自立心」のあらわれです。

　親は子に Be independent.（自立せよ）と尻をたたき、子は I want to be independent.（自立したい）との意志を表明します。18

歳ともなれば、家を出て、働きながら大学にかよう男女が多いのもこの考えに拠（よ）っています。

あるアメリカ人が興味深い話をしてくれました。

あるとき、彼が「大学の学費は全額、自分で働いて稼いだ。卒業したのは28歳のときだった」というと、それを聞いた日本人の友人たちが「苦労したんだね」と同情を示したというのです。彼は人生のなかでもっとも誇らしいことだったので、日本人の反応がたいそう不思議に思えたようです。ちなみに、彼の父親は大きなドラッグストアを経営しており、貧乏どころか裕福な家庭の出身です。

ハイスクールを出て、しばらく働いて学費を稼ぎ、大学に進学し、修士号をとった彼は、「全部、自分でやった。それは自分のなかで大きな達成感として残っているし、自信にもつながっている」とふりかえります。家柄や血筋によって人間の優劣を決めることは、アメリカ人がもっともいやがることのひとつであり、みずからの知恵と能力でのしあがった人間を讃えるのがアメリカ人の常識なのです。

📖 *If you want something done right, do it yourself.*[1]
　自分の思うようにやりたければ、ぜんぶ自分でやることだ。

これもアメリカ人が好んで使うフレーズです。「恃（たの）むのは自分だけ」という信念が色濃く出ています。日本では、一流大学を出て、大企業に入った人をうらやましがりますが、アメリカ人はそうではありません。苦労して這いあがり、小さくても自分の会社をもった人間、いわゆる self-made person（たたきあげの人間）が賞賛されます。大企業に就職して歯車のひとつになることを避けようとする傾向もあります。自立心旺盛なアメリカ人から見ると、「寄らば大樹の陰」（Seek shelter in the shade of a big tree.）を志向する日本人はどうも依存心（dependence）が強すぎると映るようです。

語句注

1. want something done right「ものごとがきちんとなされることを欲する」

3-11 「時間」という資源

人生は有限です (Life is finite.)。

老年をすぐそこに控えた中年ともなれば、誰もが「人生は短い」(Life is short.) との感慨にふけったことがあるでしょう。

じっさい、やりたいことを抱えすぎて、「時間が足りない」と嘆いている人も少なからずいます。そこで、I wish there were one hundred hours in a day! (一日100時間ほしい!) と叫んでみるのですが、一日はどうあがいても24時間しかありません。そして、そのうちの8時間を睡眠にあてているのだから、一日の3分の1は寝ていることになります。もしあなたが90歳まで生きるとすると、単純計算すれば、人生の30年は眠っていることになるわけです。嗚呼 (ああ)。

📖 *Time is the scarcest resource, and unless it is managed, nothing else can be managed.*[1]
時間はもっとも乏しい資源であり、それを管理できなければ、ほかのどんなことも管理することはできない。

—Peter Drucker (ピーター・ドラッカー: 1909-2005)
オーストリアの経営学者

そこで、新年を迎えるたび、固く決意するのです。「今年こそは、○○に挑戦しよう」と。ところが、半年もすぎると、また決意を新たにするのです。「来年こそは、○○にトライしてみよう」と。しかし、「その日」はけっして訪れません。英語には、そんな人を嘲笑する格言があります。

📖 *One of these days is none of these days.*[2]
「近いうちに」は、けっしてやって来ない。

—Henry George Bohn (ヘンリー・ジョージ・ボーン: 1796-1884)
イギリスの出版人

　「近いうちに」とつぶやいているかぎり、その日はいつまでもやってこないのです。語呂がよいこのフレーズは、いまやことわざにまで"昇格"したようです。

　この格言は、"one of these days" と "none of these days" が対になっています。英語で読むとリズムがあっていいのですが、日本語でこのリズム感をだすのはけっこう難しいですね。直訳すると、「近日中の一日は、近日中のどの日でもない」になるのですが、思い切って「近々は延々に来ない」とやってみるのもいいのかもしれません。

　なかなか行動にうつせない人たちに業を煮やした賢者は、次のようなフレーズを投げつけます。

📖 *When are you gonna do it? Now, that's when!*
　いつやるの？　今でしょ！

📖 *Now, that's when!*
　今がそのときだ！

　「今」がやるべきとき（Now is the time.）なのです。

　しかし、なかには、何の準備もせずに、その場で唐突にやろうとするそそっかしい人もいます。そうした場に居合わせたならば、

📖 *You're doing it now? Here? That's stupid!*
　今やるの？　ここで？　バカでしょ！

とあきれて、軽率な人を戒めます。

語句注

1. scarce「乏しい」　resource「資源」　manage A「A を管理する」　**2**. one of these days「近いうちに」　none of A「A のうちのどれも〜ない」

3-12 「ゆっくり」と「急ぐ」

あわてている人に「落ち着いて」と声をかけてみましょう。

英語では、Calm down. (落ち着いて) / Relax. (リラックスして) / Chill out. (冷静になって) などといったりします。

しかし、現代社会においては、落ち着いて急いだり、あわてずに迅速を心がけることが求められます。ところが、「慎重にやれ」というと、「ゆっくりやる」人間がいます。「落ち着いてやれ」と命じると、「のんびりやる」者がでてきます。「丁寧にやれ」と助言すると、「急がずにやる」人がいます。つまり、慎重や丁寧さは速度を落とすことだと勘違いしてしまうのです。

「ゆっくり」と「急ぐ」を両立させた名言はないものでしょうか。ラテン語の festina lente〔フェスティナ・レンテ〕は、通例「ゆっくりと急げ」と訳されています。一般に「ゆっくり着実にすすめることが、結局はものごとを早くすすめられる」と解されていますが、他方で「歩みが遅すぎると、求める結果を得られない」という意味でも使われることもあります。

この格言はヨーロッパのさまざまな言語に伝わっていますが、英語圏ではアウグストゥス（オクタヴィアヌス）の言葉に由来するとされています。

📖 *Make haste slowly.*[1]
ゆっくり急げ。
—Augustus (アウグストゥス: 63BC-14) ローマ帝国の初代皇帝

日本人の目から見ると、一見、矛盾しているように思われるかもしれませんが、

📖 *Proceed expeditiously but prudently.*[2]
　迅速に、しかし慎重にやれ。

との意味で用いられることもあり、ヨーロッパが生んだ、古くから
ある知恵なのです。

　人生のさまざまな場面で迅速な行動は要求されていますが、あわ
てふためいて、ものごとを台無しにしてはいけません。日常会話で
は、次のようにいったほうが、ちゃんと伝わります。

📖 *Do it in haste but with care.*[3]
　落ち着いて急げ。

　有名なフレーズもあります。

📖 *Be quick, but don't hurry.*
　すばやく動け。でも、あわてるな。
　　　　　　　　　　　　—John Wooden（ジョン・ウッデン: 1910-2010）
　　　　　　　　　　　　アメリカのバスケットボール・コーチ

　ジョン・ウッデンの、この啓発的なフレーズはさまざまな機会に
引用されています。アメリカにはモチヴィショナル・スピーカーや
サクセス・カウンセラーといった職業があり、人びとの成功の手助
けをしているのですが、彼らが熱心に説くもののひとつに「あわて
ずに急げ」があり、ウッデンのこの言葉がしきりに引用されていま
す。"quick"は「機敏・敏捷」をあらわす言葉であり、"hurry"は「あ
わてている」さまをあらわしています。

語句注 ⋯⋯⋯⋯⋯⋯⋯⋯⋯⋯⋯⋯⋯⋯⋯⋯⋯⋯⋯⋯⋯⋯⋯⋯⋯⋯⋯⋯⋯⋯⋯⋯⋯

1. make haste「急ぐ」 **2.** proceed「前へ進む・続ける」 expeditiously「迅速
に」 prudently「慎重に・用心深く」 **3.** in haste「急いで」 with care「慎重
に」

3-13 「ピンチ」は「チャンス」だ

「ピンチはチャンスだ」という考え方はアメリカ人好みです。自己啓発セミナーでは、モチヴェイショナル・スピーカー（モチヴェイション・アップをコーチングする人）たちが「ピンチのときこそがチャンスだ」と発奮をうながしています。

📖 *Tough times bring opportunity.*[1]
　 ピンチはチャンスだ。

📖 *Turn adversity into opportunity.*[2]
　 ピンチをチャンスに。

　これらの標語を経営のモットーに据えている企業や組織があります。

　ピンチは「危機」です。そこで、「危機」を漢字で書いてみると、あたかも「危険」と「機会」の両方の意味をもっているかのようです。

📖 *When written in Chinese, the word crisis is composed of two characters. One represents danger and the other represents opportunity.*[3]
　 中国語で書くと、危機という言葉はふたつの漢字であらわされます。ひとつは「危険」という意味で、もうひとつは「好機」という意味です。

　　　　　　　　　　—John F. Kennedy（ジョン・F・ケネディ：1917-1963）
　　　　　　　　　　　　　　　　　　　　　アメリカの第35代大統領

　自己啓発セミナーではこのフレーズがよく引き合いに出されますが、危機のときにもっとも要求されるべきものは「冷静になって考える」ことです。

📖 *View thinking as a strategy. Thinking is the best way to resolve difficulties. Maintain faith in your ability to think your way out of problems. Recognize the difference between worrying and thinking. The former is repeated, needless problem analysis, while the latter is solution generation.*[4]

考えることは戦略だと思え。考えることは困難を打破する最良の方法である。問題解決のために考える力を信じることだ。心配するのと考えるのは別ものだと認識せよ。前者は堂々めぐりの無駄な問題分析だが、後者は解決をもたらしてくれる。

—Timothy W. Firnstahl (ティモシィー・W・ファーンスタール)
アメリカの企業経営者

それでも埒 (らち) があかないときは、自分で思い悩まずに、助言を求めることです。

📖 *Problems can become opportunities when the right people come together.*[5]

適材があつまれば、難問がチャンスに変わることがある。

—Robert Redford (ロバート・レッドフォード: 1936-) アメリカの俳優

冷静になって探せば、問題解決にふさわしい人はいるものです。

語句注

1. tough times「つらい時期」　**2**. adversity「逆境」　**3**. be composed of A「Aで構成されている・Aで成り立っている」　character「文字」　represent A「Aをあらわす・Aを象徴する」　**4**. view A as B「AをBと見なす」　think one's way out of A「考えてA(困難など)を切り抜ける」　maintain faith in A「Aを固く信じる」　the former「前者」　the latter「後者」　solution generation「解の生成」　**5**. right「適切な」

3-14 「大富豪」になるには

何千という公共図書館を設立した、おそらく史上もっとも有名な慈善家であるアンドリュー・カーネギーは、成功の秘訣を次のように語っています。

📖 *No man becomes rich unless he enriches others.*
他人を豊かにしなくては、自分を豊かにすることはできない。
—Andrew Carnegie（アンドリュー・カーネギー：1835-1919）
アメリカの実業家

経済的に成功した人がもっとも賞賛されるのは、その財を適切に管理して、社会によい影響を与えるという域にまで達したときです。

お金をたくさん手に入れたこと自体に価値があるのではありません。それによって、自分の時間が思いどおりに使えるようになり、お金を生かして意義あることができるということが大切なのです。

他人をだましてお金を手に入れても、幸福を得ることができません。美徳なしに、よいことは何も引き寄せられないのです。マックス・ヴェーバー（Max Weber）は『プロテスタンティズムの倫理と資本主義の精神』のなかで、「初期のプロテスタント教徒たちが富を生み出せたのは、彼らが正直さや質素検約といった美徳を大切にしていたからだ」と述べています。

成功してお金を稼ぎ、心の平穏を手に入れた大富豪たちに共通点はあるのでしょうか。

他人を喜ばすこと（making people happy）。これを目標として掲げているのです。豊かさのパラドックスは、自分のことは忘れて他人のためにものを提供すると、自分に豊かさが訪れるということ（The paradox of prosperity is that it comes to those who forget about themselves in providing service to others.）です。

📖 *Business is all about making an impression.*[1]
商売とは、感動を与えることである。

—松下幸之助（1894-1989）パナソニックの創業者

パナソニックがここまで大きくなったのは、松下幸之助が従業員を魅了し、顧客を大切にしたからでしょう。松下幸之助を知るパナソニックOBたちは「無理に売ってはいけない。お客さんの好むものも売るな。お客さんのためになるものを売れ」との極意を伝授されたことを回想しています。

成功者のもうひとつの共通点は、「人間的に尊敬される人物」であるということです。「歴史上もっとも偉大な興行師」といわれるP・T・バーナムは、豊かさを得るための秘訣として欠かせないものとして「人格者であること」をあげています。

世界一の大富豪といわれるウォーレン・バフェットは、おそらく歴史上もっとも成功した投資家でしょうが、本人の言葉でつづられた『バフェットからの手紙』（*The Essays of Warren Buffett*：ローレンス・A・カニンガム）は成功の秘訣を探るにはもってこいの良書です。

📖 *We intend to continue our practice of working only with people whom we like and admire.*[2]
好ましく、尊敬できる人物としか仕事をしないという慣行をこれからも曲げることはありません。

—Warren Buffett（ウォーレン・バフェット：1930-）アメリカの投資家

株に投資するな。株の背後にいる尊敬できる人たちに投資せよ。それがバフェットの理論の真髄なのです。

語句注

1. be all about 〜ing「〜することに尽きる・〜することがすべてだ」 make an impression「感動を与える・強く印象づける」 **2.** intend to *do*「〜するつもりである」 practice「慣行・慣例」

3-15 「発想」と「挑戦」

　売り上げや企業イメージでマイクロソフト社に大きく水をあけられていたアップル社はスティーヴ・ジョブズを復帰させると、建て直しの一環として「Think different キャンペーン」をおこないました。アインシュタイン、ガンジー、ピカソ、ジョン・レノン、マイルス・デイヴィス、モハメド・アリなど、社会と意識に変革をもたらした偉人たちが映しだされる白黒の画面に、「クレイジーな人たちに祝杯をあげよう」で始まるナレーションが流れました。

📖 *Here's to the crazy ones. The misfits. The rebels. The troublemakers. The round pegs in the square hole. The ones who see things differently. They're not fond of rules. And they have no respect for the status quo. You can quote them, disagree with them, glorify or vilify them. About the only thing you can't do is ignore them. Because they change things. They push the human race forward. And while some may see them as the crazy ones, we see genius. Because the people who are crazy enough to think they can change the world are the ones who do.[1]*

クレイジーな人たちに祝杯をあげよう。はみだし者。反逆者。やっかい者。変り者。ものごとが世間の人たちとは違って見える人。彼らはルールを好まない。現状も肯定しない。人は彼らを引き合いにだし、同意しなかったり、賞賛したり、けなしたりする。でも、彼らを無視することは誰にもできない。なぜなら、彼らはものごとを変えてしまうからだ。彼らは人類を前進させる。彼らをクレイジーと呼ぶ人がいるが、わたしたちはそこに天才の姿を見る。世界を変えられると信じるクレイジーな

人たちこそが、世界を変えているのだから。

—Steve Jobs（スティーヴ・ジョブズ: 1955-2011）Apple の創業者

　クレイジーな人たちが、ものごとを変え、人類全体を前に押しすすめるのだと高らかに宣言し、アップル社は、次のようなスローガンを世界に向けて放ったのでした（1997年）。

📖 *Think different.*
　発想を変えるんだ。

　本来ならば、"Think differently." とすべきところを、発想を変えて "Think different." としたのが効を奏しました。固定観念にとらわれず見方を変えてものごとを見つめようというわけです。以後、ジョブス率いるアップルが快進撃をつづけたのは周知の事実です。
　多くの人は夢を見る。しかし、困難にぶつかると挑戦をやめてしまいます。社会を変革した人は、挑戦をやめなかった人といってもいいでしょう。

📖 *Most of the important things in the world have been accomplished by people who have kept on trying when there seemed to be no hope at all.*[2]
　この世で重要なことの多くは、なんの希望もないと思われるときでも挑戦をやめなかった人びとによって成し遂げられてきた。

—Dale Carnegie（デイル・カーネギー: 1888-1955）
アメリカの実業家・自己啓発家

語句注

1. Here's to ...「……に乾杯」　a round peg in a square hole「四角い穴に入った丸いフック」→「不適応者・場違いな人」（"a square peg in a round hole" ということもある）　the status quo「現状・情勢」　glorify A「A を賞賛する」 vilify A「A を中傷する・A をけなす」　the onss who do ＝ the people who change the world　**2.** most of A「A の大部分」　accomplish A「A を成し遂げる」 keep on 〜ing「〜し続ける」

3-16 「完璧主義」の罠

外国語学習において是正されなければならないのは、完璧主義（perfectionism）です。とくに言語学習の初期段階においては、「完璧主義」は外国語の上達を阻む大きな壁になっています。

📖 *Perfect is the enemy of good.*[1]
　　完璧さは良きことの敵である。

「完璧を追い求めると、良いというレヴェルにも達しない」というのです。ヴォルテールの『哲学辞典』にも見える表現です。

📖 *Perfectionism is just fear. Fear of making a mistake. Fear of disappointing others. Fear of failure.*[2]
　　完璧主義とは恐れにすぎない。ミスすることへの恐れ、誰かを失望させることへの恐れ、失敗することへの恐れである。

結果、多くの外国語学習者は「使いながら覚える」ことをせずに、"完璧"になるまで話さないでいる態度を身につけてしまいます。体面を重んじるのか、一知半解の状態で外国語を口にするのを恥とするような態度をとってしまうのです。

「できるようになってからしゃべります」というのは、「泳げるようになってからプールに入ります」といっているようなものです。「できるようになってからしゃべります」という人に、残念ながら、しゃべる日はやって来ません。

「使いながら覚える」ということは、すなわち「間違えながら覚える」ということです。ところが、とりわけ日本人は、この「間違える」ということをひどく怖がります。

📖 *Perfectionism hinders progress.*
完璧主義は進歩を妨げる。

📖 *Perfectionism is a dream killer.*[3]
完璧主義は夢の殺し屋だ。
　　　　　　　　　　　　　—Mastin Kipp（マスティン・キップ：1983-）アメリカの啓蒙家

　間違えることが、すなわち「ダメ」とレッテルを貼られることだと捉えている人もいます。そうした人は、話さないから話せなくなり、話せないからますます話さなくなるという悪循環に陥ってしまいます。このことは外国語学習のみにあてはまることではないし、日本人だけに限ったことでもありません。

　洋の東西を問わず、完璧主義の人は、不完全を受け入れられないという「思考の不健全さ」を抱えてしまっています。

📖 *Nobody is perfect after all. Embrace being perfectly imperfect.*[4]
そもそも完璧な人なんてひとりもいない。不完全である状態を完全に受け入れよ。

　このように自分にいい聞かせてみたらどうでしょうか。

　とりわけビジネスの世界では、完璧よりもスピードが大事です。完璧を追い求めているうちに、ライヴァルに追い越されてしまうからです。逆に、大ざっぱな目標とそれに向けてヴァージョンアップしていくスピードがあれば、完璧は輪郭をもち始めます。

語句注

1. good「良いこと」（名詞）　**2**. fear「恐れ・恐怖」　make a mistake「ミスをおかす」　disappoint A「A を失望させる」　**3**. a dream killer「夢を邪魔したり阻害するもの」　**4**. after all「結局のところ」　embrace A「A を喜んで受け入れる」　imperfect「不完全な」

3-17 「独創」とは何か

　日本人はこれまで上達の達人でした。仏教文化にせよ、漢字にせよ、医学にせよ、ITテクノロジーにせよ、それらを分析し、分解し、日本人に合うようにつくり変えてきました。ソトからもたらされた「型」を、日本人の身丈に合う「型」に昇華させてきたのです。

　ところが、「日本人は独創性に欠ける。欧米のものを模倣して改良するだけだ」と揶揄（やゆ）する声もいまだに跡を絶ちません。

　ノーベル賞の受賞者が多いのは、独創性のあることの証明にはならないのでしょうか。アメリカ、イギリス、ドイツ、フランス、スウェーデンに次いで、日本は世界第6位です。ある調査によれば、アメリカ人のじつに75パーセントが日本人を「独創的」と考えています。

　また、海外への頭脳流出を引き合いにだしてウンヌンする言説もありますが、これは「異脳」を受け入れようとはしない日本社会のシステムの問題であって、日本人が独創性がないということの証明にはなりません。

　たしかに「独創」は誇らしいものです。しかし、そもそもまったくの「独創」なんてものがあるのでしょうか。

　この世に新しきものはなく、多くのものは過去から引き出されています（There is nothing new under the sun. A lot of things are pulled out of the past.）。世に「独創」といわれるものは、先人たちの営為のうえに、ちょこっとのったものではないでしょうか。

📖 *What is originality? Undetected plagiarism.*[1]
　独創とは何か。発覚しなかった剽窃（ひょうせつ）である。
　　　　　　　—William Ralph Inge（ウィリアム・ラルフ・イング：1860-1954）
　　　　　　　　　　　　　　　　　　　　　イギリスの神学者

　独創とは気づかれぬ剽窃であるのかもしれません。ヴォルテールもまた、『省察と格言』のなかで、

📖 *Originality is nothing but judicious imitation.*[2]
独創性とは、思慮深い模倣にすぎない。

—Voltaire（ヴォルテール: 1694-1778）フランスの哲学者

と喝破しています。これをもじって、

📖 *Imitation is the sincerest form of flattery.*[3]
模倣とはもっとも誠意を込めたお世辞である。

ということもあります。誰かの真似をするとは、純粋な意味での敬意、あるいはいくぶん大げさすぎる讃辞なのです。さらに、これをもじったフレーズもあります。

📖 *Imitation is the sincerest form of flattery that mediocrity can pay to greatness.*[4]
模倣とは、平凡が偉大に寄せることのできる、もっとも誠意のこもったお世辞である。

—Oscar Wilde（→ p.018）

語句注

1. undetected「発覚していない・見つからずにいる」 plagiarism「剽窃・盗用」 **2**. nothing but A「Aにすぎない」 judicious「思慮深い・賢明な」 imitation「模倣・真似」 **3**. sincere「誠意のある」 flattery「お世辞・ごますり」 **4**. mediocrity「平凡・月並み・凡庸」 pay A「A（お世辞など）をいう」 greatness「偉大（さ）・卓越」

3-18 もっと「模倣」を

　上達の早い人がいます。そうした人はコツの飲み込みが早く、要領よくなんでも身につけてしまいます。

　上達の早い人を見ていると、あこがれの対象をしっかりと見据えていることに気づきます。「あの人のようになりたい」とか、「あんなことができるようになりたい」という強い願望をもって、対象をじっくりと観察して、真似しようと努めているのです。

　📖 *Immature poets imitate; mature poets steal.*[1]
　　未熟な詩人は模倣する。熟練の詩人は盗む。
　　　　　　　　—T.S. Eliot（T・S・エリオット：1888-1965）イギリスの詩人

　上手の人は明確な課題意識をもって、自分の獲得したい技術を盗むのです。エリオットはさらにこのあと、「よき詩人はそれをさらによきものに変えるか、あるいは異なったものに変形させる」と続けています。

　📖 *Good artists copy. Great artists steal.*
　　よい芸術家は真似る。偉大な芸術家は盗む。
　　　　　　　　—Pablo Picasso（パブロ・ピカソ：1881-1973）スペインの画家

　凡人はただ模倣するだけですが、才覚ある者は自分のものとして発信しようとします。

　ところが、創造的でない人は模倣を断固として忌避しようとする。「真似をしてみたら」と助言すると、「自分は他人の真似なんかしません。独創を目指します」と不満をあらわにして模倣に興味を示さないのです。

　模倣を通過しない技能は奇を衒（てら）うはめに陥りやすく、じつは実を結ばないことのほうが多いのではないでしょうか。

どうやら独創は模倣の延長線上にあるようです。

「学ぶ」という言葉も、「真似 (<ruby>真似<rt>ま</rt></ruby>) ぶ」からきているといいます。「習う」も「倣 (<ruby>倣<rt>なら</rt></ruby>) う」です。学習の根本は、師の技術を真似ることにほかなりません。

ところが、卓越した技術はマニュアル化されていなかったり、言語化されていないことが多いのもまた事実です。当人にたずねても、言葉でうまく伝えられなかったり、さまざまな理由で教えてもらえない場合もあります。

まずは、凝視と観察に徹してみましょう。次は、見よう見真似の模倣です。むろん最初のうちは、自分でも滑稽と思えるくらいにぶざまでしょう。がしかし、試行錯誤をくりかえしながら真似するうち、ある日まさに突然という感じで、すんなりできてしまうのです。やがて、その技術に慣れてくると、美点だけではなく、欠点が気になり始めます。独創がひょいと顔をだすのはそのときです。

アップルの革命児スティーヴ・ジョブズは、先に紹介したピカソの言葉を引用して、次のように語っています。

📖 *Picasso had a saying, "Good artists copy. Great artists steal." And we have always been shameless about stealing great ideas.*[2]

ピカソは「よい芸術家は真似る。偉大な芸術家は盗む」といったことがある。だから、われわれは偉大なアイディアを盗むことを恥じることがなかった。

—Steve Jobs (→ p.098)

もっと模倣を。

語句注

1. immature「成熟していない・未熟な」 **2**. have a saying, ...「……という言葉を残している」 be shameless about 〜ing「〜することを恥ずかしいと思わない」

Our greatest weakness lies in giving up.

The most certain way to succeed is always to try just one more time.

第**4**章 「仕事」の極意

4-1 「歴史」の教訓

　「歴史はくりかえす」という有名な歴史観は、カール・マルクス（ドイツの経済学者）のものとされていますが、マルクスはヘーゲル（ドイツの哲学者）の言葉を引用しているにすぎません。マルクスによれば、ヘーゲルは「最初は悲劇として、二度目は笑劇として」ということを言い忘れているとつけ加えたのでした。それはさておき、こうした歴史観は、早くも古代ローマにまでさかのぼります。

📖 *History repeats itself.*
　　歴史はくりかえす。
　　　　　　　　　　　—Quintus Curtius Rufus（クルティウス・ルフス: 1st Century）
　　　　　　　　　　　　　　　　　　　　　　　古代ローマの歴史家

　「歴史はくりかえす」のだとしたら、人間は同じ間違いをくりかえすのでしょうか。

📖 *History teaches us the mistakes we are going to make.*
　　歴史はわたしたちがこれから犯すだろう過（あやま）ちについて教えてくれる。
　　　　　　　　　　　—Laurence Peter（ローレンス・ピーター: 1919-1990）
　　　　　　　　　　　　　　　　　　　　　　　カナダの教育学者

📖 *History is a vast early warning system.*[1]
　　歴史とは、巨大な早期警報装置である。
　　　　　　　　　　　—Norman Cousins（ノーマン・カズンズ: 1915-1990）
　　　　　　　　　　　　　　　　　　　　　　　アメリカのジャーナリスト

　くりかえされる歴史から教訓を得なければ、わたしたちは過ちをくりかえすようです。歴史のなかにこそ、未来の設計図があるのです。

他方、歴史はくりかえさないと説く人もいます。

📖 *History doesn't repeat itself—historians merely repeat each other.*[2]
歴史はくりかえさない。歴史学者たちが互いの学説をくりかえしているにすぎない。

こうした見方があるいっぽう、そもそも「歴史は勝者によって書かれる」（History is written by the victors.）ものだから、そんな歪曲された歴史を学んでもしかたないと力説する人たちがいます。歴史とは「勝てば官軍」を謳歌する者たちによって書き記された虚像のロマンであるから、そんなものからを学んでもなんのご利益もないというのです。それどころか、わたしたち人間は歴史の教訓から学べないのだと主張する声もあります。

📖 *Winners take all.*[3]
勝てば官軍。

📖 *That men do not learn very much from the lessons of history is the most important of all the lessons that history has to teach.*[4]
人は歴史の教訓からあまり多くのことを学べないものであり、この事実こそ、歴史の教える教訓のうちでいちばん大切なものだ。

—Aldous Huxley（オルダス・ハクスリー：1894-1963）イギリスの作家

語句注

1. vast「巨大な」 a warning system「警報システム」 **2**. merely「たんに……・ただ（……にすぎない）」 **3**. 英語では「勝者がすべてを奪う」という言い方をする。 **4**. That SV is ...「〜であることは……だ」（この "that" は名詞節を導く接続詞） lesson「教訓」

4-2 「近代日本人」と「英語」

　外国人がたくさんいるざっくばらんな席で、「日本人のイメージを聞かせてほしい」（What do you think about Japanese people?）といったら、「日本人の90パーセントは日本人が嫌いですね」（Ninety percent of Japanese hate being Japanese.）とこたえたアメリカ人がいました。たしかに日本人の悪口をいう日本人は多いですね。謙遜しているがゆえにそう見える人もいるでしょうが、なかには本気の人もいるようです。

📖 *To put it frankly, Japanese people today want to be white.*[1]
　はっきり言えば、近代日本人は白人になりたいわけですよ。

　　　　　　　　　　　　　　　　　　　　—岸田秀（1933-）心理学者

岸田秀いわく——

《日本人は黒船に「強姦」されたのです。以来、日本人は西洋コンプレックスをもつに至り、白人になりたいという願望をもって、この「近代」を生きてきたのです。たとえば、ヨーロッパを訪れた日本人の男は憑かれたように白人女性を抱きたがりますが、あれは白人に近づくための「一種の強迫的儀式」です。しかし、どう頑張ってみたところで、日本人は白人にはなれっこありませんから、「欧米に対して日本はいつまでも劣者」のままです。アジア、とりわけ朝鮮に対する日本人の態度もこれで説明がつきます。つまり、「白人と同一視した自分のイメージと、白人になれない自分との分裂、そこからくる屈辱感をごまかすために、劣等な日本人を日本人以外のどこかに発見せざるをえない。それを朝鮮に見出したわけ」です。それが証拠に、「日本文化の形成における朝鮮の役割についての近代日本人の過小評価はひどいもの」です。そうした理由があって、近代日

本人は日本人であることに自信をなくし、またみずからを嫌いになったのです。》
—『物語論批判』

　このことは、日本人の「英語コンプレックス」にもあらわれています。英語支配の構造は、インターナショナリズムに見えて、そのじつ英米人にとってのナショナリズムであるとみなす研究者がいます。言語学者の田中克彦は「既存の言語はすべて特定の民族と国家の権力と威信に結びついており、またそこで作り出された強力な言語的首都の存在は、絶え間なく非母語の話し手を差別し、おどしつけるのである」(『国家語をこえて』)と述べています。

　言語の世界分布図は「帝国主義の夢の跡」(富岡多恵子)であって、まことに「言語は権力である」(大石俊一)といわざるをえません。言語コンプレックスは、英米人という「高級人種」に対するコンプレックスとからみあって、日本人の劣等意識をさらに刺激しています。英語という言語のなかに、支配・抑圧・差別を見るいっぽうで、憧憬・崇拝・羨望をもつという、いわば反対感情が共存するアンビヴァレントの心理状態にいる日本人がいまもたくさんいます。

　英語習得そのものを到達目標にしてしまうと、いつまでたっても英米人のように英語をしゃべれない自分に劣等感をもつことになります。英語は「手段」とわりきって、「道具」のように使ってみてはいかがでしょうか。

📖 *No matter how hard you study, you will not be able to speak English like a native speaker and you don't need to, either. English is just a communication tool.*[2]

どんなに一生懸命勉強しても、ネイティヴ・スピーカーのように英語を話せるようにならないし、またその必要もない。英語はコミュニケーションの道具にすぎないのだから。

語句注

1. to put it frankly「率直にいえば」　**2**. no matter how ...「どんなに……であっても」

4-3 「少数者」と「あまのじゃく」

　デモクラシー (democracy) の語源は「デモス」(人民) です。

　デモクラシーを日本人は「民主主義」と訳しましたが、「民衆政治」としていれば、本来の意味にずっと近くなります。

　デモクラシーは、多数決の原理と、少数派の権利を組み合せたものを基盤としているため、いまのところもっとも人気のある政治形態です。

📖 *It has been said that democracy is the worst form of government except all the others that have been tried.*[1]
デモクラシーは最悪の政治形態らしい。ただし、これまでに試されたすべての形態を別にすればの話であるが。
—Winston Churchill (→ p.019)

　逆からいえば、デモクラシーは絶対的に最良ではないが、全体主義や権威主義など、これまでに試されたすべての政治形態を除けば、いまのところ最良のシステムといえます。

　デモクラシーにおいては、少数派の意見に耳をかたむけることが大切だ (It is important to listen to minority opinions.) とされています。

📖 *Almost always, the creative dedicated minority has made the world better.*[2]
ほとんどいつも、創造的でひたむきな少数派が世界をよりよいものにしてきた。
—Martin Luther King, Jr. (マーティン・ルーサー・キング・ジュニア: 1929-1968) アメリカの公民権運動の指導者

多数派の誤謬を指摘してきた少数派が世界をよりよきものにして

きたというのです。

じっさい歴史を眺めれば、知性と良心をもった少数派が世界を正しい方向へ導いた事例は枚挙にいとまがありません。しかし、世の中には知性を欠いた「あまのじゃく」(a twisted person) がいて、良心的少数派を気どるのです。たちが悪い (mean-spirited) ですね。

ジョージ・ウォレス (George Wallace Jr.) は、アラバマ州知事就任演説で、「きょうも人種隔離、明日も人種隔離、未来永劫に人種隔離を」とぶちあげた人種分離主義者です。そのウォレスに対しロバート・ケネディはこう語っています。「いまこの国では市民権に関する革命が起こりつつありますが、人びとは自分の生活が乱されるのを好みません。ですからインディアナ州民の3分の1がウォレス氏に投票したとしても驚くに値しません」。そして次の言葉を続けたのでした。

📖 *About one-fifth of the people are against everything all the time.*[3]

5人にひとりは、どんなときも、どんなことにも反対するものです。

—Robert F. Kennedy (ロバート・ケネディ: 1925-1968)
アメリカの政治家

たしかに、いろんなアンケートや投票の結果を見ると、「みんなが賛成するものには反対する」という立場をとる人が5分の1はいるようです。その5分の1のうち、知性と良心を兼ね備えた人がいったいどれぐらいいるのでしょうか。

語句注

1. It has been said that ...「これまで……だといわれてきた」 **2.** dedicated 「ひたむきな・熱心な」 **3.** one-fifth of A「Aの5分の1」 be against A「Aに反対である」 *cf.* be for A「Aに賛成である」

4-4 「戦争」と「平和」をめぐる念力主義

　「昭和」と呼ばれた時代の前半、大日本帝国は「大東亜共栄圏」の建設という野望をいだいていました。「一億一心火の玉」となって、「欲しがりません勝つまでは」との気概をもち、「鬼畜米英」を合い言葉にして、「勝利ノ日マデ」を誓いました。しかし戦後、われわれは「虚脱状態」におちいり、「一億総懺悔」をして、明治維新のころにもまして英米にすり寄り、国民はこぞって「反戦」「自由」「民主」を唱え始めました。あたかも日本人がみんな平和主義者（パシフィスト）になったかのようです。

　しかし、一貫して変わらなかったのは、望めばかなえられるかもしれないという「念力主義」です。戦中の神州不滅の思想も戦後の平和希求の精神も、いずれも「念力主義」にもとづくものです。

📖 *Emotional psychokinesis, the belief that if you wish for peace, it will comes, is not only useless but dangerous.*[1]
　平和をとなえ、願えば、平和がくるという、心情的な「念力主義」は、役立たないだけでなく、危険だ。

　　　　　　　　　　　　　　　　—小室直樹（1932-2010）社会学者

　日本人は、ガンの撲滅を祈願すればガンは消失すると考えるのと同じように、平和を願えば平和が訪れると信じています。「心の内なる問題」として平和を信仰しているのです。これはいわば「平和教」という宗教ではないでしょうか。

　日本国憲法は、恒久の平和を念願する（desire peace for all time）ゆえに、永久に戦争を放棄（forever renounce war）、陸海空軍その他の戦力は保持しない（land, sea, and air force, as well as other potential, will never be maintained.）と謳っています。

　日本人が真の平和主義者たらんとするのなら、戦争と侵略のメカ

ニズムを本格的に研究しなければなりませんし、外交と軍事の関係を歴史的な見地から検証するのを不可避とするはずです。

　平和を唱えるだけでは、戦争は回避できません。ましてや、一国のリーダーともなれば、戦争を研究することが平和の実現に寄与するのだという認識をもたなくてはなりません。欧米では、古くから次のような考えが根づいています。

📖 *War should be the only study of a prince. He should consider peace only as a breathing-time, which gives him leisure to contrive, and furnishes as ability to execute, military plans.*[2]

戦争とは君主がつねに取り込まなくてはならない研究課題である。平和を息つぎの時間、すなわちその間に軍事上の計画を立案し、実行に移す能力を身につけるための猶予の時間とみなさなくてはならない。

—Niccolò Machiavelli（ニッコロ・マキャヴェリ：1469-1527）
イタリアの政治思想家

📖 *If you want peace, you must prepare for war.*

平和を望むのなら、戦争の準備をしなければならぬ。
—Flavius Vegetius Renatus（フラウィウス・ウェゲティウス：4世紀ごろ）
ローマ帝国の軍事作家

　戦争というのはケンカです。「戦争はよくない」というのは、「ケンカはよくない」といっているにすぎません。「戦争はよくない」とくりかえすのは、平和を願う「念力主義」となんら変わるところがありません。国際社会で生きのびていくには、日本は戦争と平和のメカニズムを学ばなくてはならないようです。

語句注

1. psychokinesis「念力主義・念力作用」　wish for A「Aを希求する」　not only A but (also) B「AだけでなくBも」　**2.** contrive A「Aをたくらむ・Aを考案する」　furnish A「Aを供給する・Aを与える」

4-5 「外交」の要諦

日本は諸外国との交渉ごとがヘタだといわれます。そもそも日本の政治家たちがいう「誠実な外交」は国際社会では通用するものなのでしょうか。

📖 *Sincere diplomacy is no more possible than dry water or wooden iron.*[1]
   誠実な外交なんて、乾いた水や木の鉄と同様、ありえないものだ。
   —Joseph Stalin（ヨシフ・スターリン：ソ連の政治家：1878-1953）

では、外交の要諦（ようてい）とはいかなるものなのでしょうか。

📖 *Speak softly and carry a big stick.*[2]
   柔らかい物腰で話し、大きな棍棒を持ち歩け。
   —Theodore Roosevelt（セオドア・ルーズベルト：1858-1919）
   第26代アメリカ大統領

There is a homely adage which runs, "Speak softly and carry a big stick; you will go far." （「柔らかな物腰で話し、大きな棍棒を持てば、仕事がはかどる」という衆知の格言があります）というルーズベルト大統領の演説からの引用です。「強硬策をとりたいときには、軍事力の行使をちらつかせながら、おだやかに語れ。そうすれば、人びとは耳を傾けてくれる」と解されています。

逆をいえば、「いくら語気つよく訴えても、なんら行動をともなわなければ、外交はすすまない」ということです。

紳士面だけではだめ。軍事力だけでもだめ。その両面をもっていないと、思うような外交はできない。こうした考えにもとづく "棍棒外交" こそがアメリカの一貫した外交姿勢です。

ルーズベルトはアメリカでもっとも人気のある大統領のひとりで、

それを知っている政治家たちはいまもこの言葉を引用したり、もじったりします。弱腰外交を批判されたクリントン大統領は、Clinton speaks loudly and carries a twig.（クリントンは大声で話し、小枝を持ち歩いている）とからかわれました。

リベラルを表看板にだしていたケネディ政権でさえ、You can get more with a gun and smile than you can with just a smile.（笑顔と銃のほうが、笑顔だけよりうまくいく）を持論とする経済学者（ウォルター・ヘラー：Walter Heller）をかかえていました。

日本は一般的に、「和」（harmony）を重んじるあまり、自分の意見を強く押しとおすことを避けようとする傾向があります。うまくいかなければ、次なる"和"を求めて、国連に不満を表明するのですが、国連自体が「国益の優先をまず第一に考える国々の集合体」だという認識がないものだから、そこでも思ったような結果を得られないでいます。

📖 *A real diplomat is one who can cut his neighbor's throat without having his neighbor notice it.*[3]
　　真の外交官とは、隣人にそれと気づかせず喉（②）をかっ切ることのできる人間である。

—Trygve Lie（トリグヴァ・リー：1896-1968）
ノルウェー出身の初代国連事務総長

これが初代国連事務総長の言葉であるのを忘れてはいけません。

語句注

1. diplomacy「外交」　A is no more ～ than B「A は B と同様、～ではない」
cf. A is no less ～ than B「A は B と同様、～である」　2. stick「棒・棒きれ」
3. diplomat「外交官」　have A notice B「A に B を気づかせる」

4-6 「アメリカ」とはいかなる国か

　アメリカを定義するのは愉快です。なぜなら、どんなふうに定義してもうなずいてくれる人があらわれそうな気がするからです。

　気軽にいくつかつくってみましょう。「アメリカは陽気なノイローゼ患者である」「アメリカは巨大な珍獣である」「アメリカは廃棄物をたくさん出す夢工場である」……もっとつくれそうだなと思った矢先、次のような寸言に出会いました。

📖 *America is so vast that almost anything said about it is likely to be true, and the opposite is probably true.*[1]
アメリカはかくも大きな国だから、アメリカについて語られるほとんどのことは、どこかしら当たっているだろう。だが、逆もまた、おそらく真実だ。
　　—James Thomas Farrell（ジェイムズ・トマス・ファレル：1904-1979）
アメリカの小説家

　というわけで、ここでは多くの人を首肯せしめたアメリカについての定義を紹介しましょう。

📖 *America is a large friendly dog in a small room. Every time it wags its tail it knocks over a chair.*[2]
アメリカは、狭い部屋にいる大きくて人なつこい犬だ。尻尾を振るたびにイスをひっくり返す。
　　—Arnold Joseph Toynbee（アーノルド・ジョゼフ・トインビー：
1889-1975）イギリスの歴史学者

　アメリカ人の気質やふるまいを見事な比喩で表現しています。じっさい、アメリカ人ほどフレンドリーな人たちはいません。ひとりでポツンとしているより、誰かと騒いでいるのが好きなのです。

📖 *Solitude is un-American.*[3]

孤独は非アメリカ的だ。

——Erica Jong（エリカ・ジョング：1942-) アメリカの小説家・詩人

　しかし同時に、自分がいいと思ったことは人に押しつける悪いクセがある（Americans have the bad habit of forcing whatever they think is good on other people.）のもまた事実です。

📖 *America is the greatest of opportunities and the worst of influences.*

アメリカとは、もっとも機会に恵まれ、もっとも悪影響を与える国だ。

——George Santayana（ジョージ・サンタヤーナ：1863-1952)
スペイン生まれのアメリカの哲学者

　アメリカの長所と短所を的確にいいあらわしています。

　まとめると、アメリカ人は、人なつっこく、おせっかいで、自分がよいと思うものを相手にすすめたがる、ときにハタ迷惑な人たちということになります。

語句注

1. so 〜 that ...「とても〜なので、......だ」 vast「広大な・巨大な」 almost anything said about it「アメリカについて語られるほとんどのこと」 be likely to be true「真実である可能性がある」 the opposite「その反対のこと・その逆」　**2**. wag A「A（尾など）を振る」 knock over A「A に当たってひっくり返す」　**3**. solitude「ひとり寂しくいること・孤独」

4-7 「タフ」な状況を乗り切る「勇気」

　大きな困難にぶつかったとき、アメリカ人がしきりに引用する言葉があります。幾度耳にしたかしれない、そのフレーズとはこれです。

📖 *When the going gets tough, the tough get going.*[1]
　　状況がタフになると、タフな人間が道を切り拓く。

　ケネディ家の家訓としても知られています。
　最初にアメリカに渡ってきた人たちは、多くのタフな（困難な）状況に、タフに（不屈の闘志で）立ち向かわなければなりませんでした。現代でも、それは変わるところがありません。西部開拓のころも、第二次世界大戦に直面したときも、2001年9月11日の同時多発テロ事件のときも、2020年に始まったコロナ禍のときも、つねにタフであろうとしました。

📖 *Nothing is impossible to a willing mind.*[2]
　　意欲のある心に不可能なことはない。

　この金言の信奉者も数多くいます。
　タフな精神がなければ困難は乗り越えられないという考えは、いまもアメリカ人の心に宿っています。「タフな世の中だが、自分はもっとタフなのだ」という情熱は衰えることがないのです。

📖 *Offense is the best defense.*[3]
　　攻撃は最大の防御なり。

　タフの状況を乗り切るには「攻め」の姿勢を保持しなくてはならないとされます。スポーツやビジネスの世界でもよく耳にする格言です。

📖 *Act as if it were impossible to fail.*[4]
失敗などするはずがないという気持ちでぶつかれ。

このように鼓舞することもあります。窮地にあっても、動じることなく、冷静に勇気を示すことができるかどうかがリーダーの条件なのです。

📖 *Courage is grace under pressure.*[5]
勇気とは、窮しても品位を失わないことだ。
—Ernest Hemingway（アーネスト・ヘミングウェイ: 1899-1961）
アメリカの小説家

困難に立ち向かうには、なににもまして勇気が必要です。英雄とは勇者の別名なのです。

📖 *A hero is no braver than an ordinary man, but he is brave five minutes longer.*[6]
英雄とはふつうの人よりもべつだん勇敢なわけではない。がしかし、5分間だけ長く勇敢なのだ。
—Ralph Waldo Emerson（→ p.038）

語句注

1. the going「進行・状況・事態」 get tough「（状況が）厳しくなる・困難になる」 the tough「（精神的に）タフな人たち・頑強な人たち」 get going「行動を起こす・動きだす」 **2**. willing「意欲のある・自発的な」 mind「心・精神」 **3**. offense「攻撃」 defense「防御・防衛」 **4**. act as if ...「あたかも……であるかのようにふるまう」 **5**. grace「優雅（さ）・優美（さ）」 under pressure「プレッシャーをかけられて」 **6**. no「（比較級の前で）少しも〜ない」 brave「勇敢な」

4-8 政治の「挑発」と「ユーモア」

　「映画が嫌いなアメリカ人はいない」といわれるほど、映画はアメリカ国民の最大の娯楽です。ハリウッド映画は、アメリカとアメリカ人について多くのことを教えてくれます。

　映画『ダーティ・ハリー』シリーズの第4作目『サドン・インパクト』(*Sudden Impact,* 1983) で、クリント・イーストウッド (→ p.065) 演じるサンフランシスコ警察のハリー・キャラハン警部は、抵抗しようとする強盗犯にハンドガン（44 Magnum）を突きつけて、

📖 *Go ahead, make my day.***¹**
　　さあ、やれよ。勝ち目はないぞ。

と言い放ちます。シチュエーションを考えて、直訳をこころみれば、「撃ってみろ。こっちがいい日になるだけだ」ということになります。それまでは、

📖 *You made my day.*
　　あなたのおかげで、とてもいい気分になりました。

という決まり文句でしか使われませんでしたが、命令文にすることで、挑発的な意味合いをもつようになったのです。

　そして、2年後の1985年、ときの大統領ロナルド・レーガンは、増税案をぶちあげる議会に対して、

📖 *I have only one thing to say to the tax increasers: "Go ahead and make my day."***²**
　　増税を主張する連中に、私がいうことは次のひとことのみだ。「やれるものならやってみろ。勝ち目はないぞ」
　　　　　　　　　　　　　—Ronald Reagan（ロナルド・レーガン: 1911-2004）
　　　　　　　　　　　　　　　　　　　　アメリカの第40代大統領

とやり返したのです。これがウケて、このフレーズはこんにちもなお、あちらこちらでよく使われるフレーズになりました。

　レーガン大統領（共和党）はハリウッド出身で、有名人のセリフや映画のタイトルをキャンペーンで使ってメディアをにぎわしました。1981年に銃で撃たれて負傷したときも、病院に駆けつけたナンシー夫人に、

📖 *Honey, I forgot to duck.*[3]
　　よけるのを忘れちゃったよ。

と声をかけています。このフレーズはボクサーのジャック・デンプシー（Jack Dempsey）が1926年、ジーン・タニーの挑戦をうけ、10ラウンドを戦って、判定で敗れたときのセリフ（I forgot to duck.）です。

　また、その傷の手術の際には、

📖 *I hope you all are Republicans.*
　　きみたちがみんな共和党員だといいんだが。

と述べて、医師たちを笑わせています。

　すると、執刀医は、President! Today all we are Republicans.（大統領！　きょう一日、我々はみんな共和党員です）と応じたという話が伝わっています。

語句注

1. Go ahead.「（脅迫に対して）やるならやったらいいさ」　**2.** have only one thing to say to A「Aにいうべきことはひとつしかない」　the tax increasers「増税をしようとする人たち」　**3.** forget to *do*「〜し忘れる」　duck「頭をひょいと下げる」

4-9 政治家は「実行力」がすべて

　マーガレット・サッチャーは、お嬢さま育ちの政治家ではありませんでした。父は市長経験のあるメソジスト信者の食料品店主で、母はごく平凡な庶民的女性でした。そのような家庭に育ったサッチャーは、「雄弁」と「実行力」だけが頼みの綱でした。

　果たして、満足のゆく成果を得られました。名門オックスフォード大にも合格できたし、弁護士の資格も取得しました。政界へ入っても、愛国心を信頼できる友にして、口先だけの男性政治家たちを容赦なく弾劾するのでした。

　In politics if you want anything said, ask a man. If you want anything done, ask a woman.
　政治の世界では、いってほしいことは男性に、やってほしいことなら女性に頼むことです。
　　　　　　　—Margaret Thatcher（マーガレット・サッチャー：1925-2013）
　　　　　　　　　　　　　　　　　　　　　イギリスの政治家

　英国首相の座までのぼりつめたサッチャーが、イギリス国民に望んだことは「ビクトリア時代に帰れ」と「悔しかったら努力しなさい」でした。ゆえに倹約、禁欲、自立、勤勉が礼賛されました。

　政治姿勢もわかりやすいものでした。反共主義者で、国益優先、英国の不利になることには不寛容で、いっさいの妥協を拒絶しました。次のようにも述べています。

　My job is to stop Britain going red.[1]
　私の仕事は英国が共産主義に向かうのを阻止することです。

　とうぜん反発もありました。閣僚たちのなかにはそのあまりにも露骨すぎる政治姿勢に非協力的な態度を見せる者もいました。「あ

の女」(that woman) 呼ばわりする者さえいたのです。

📖 *I am not a consensus politician. I'm a conviction politician.*[2]
　　私は意見の一致を求める政治家ではありません。私は信念の政
　　治家なのです。

　サッチャーの反撃は凄まじいものでした。即刻、呼びつけ、真偽
をただし、論争を挑み、場合によってはクビを宣告し、弁解や泣き
言にはいっさい耳を貸しませんでした。「鉄の女」(Iron Lady) の面
目躍如です。

📖 *Defeat? I do not recognize the meaning of the word.*
　　敗北？ 私はその言葉の意味を存じあげません。

と述べたこともあります。賛否はあれど、その「実行力」に関して
は、いまもなお多くの政治家の模範とされています。

　大衆は政治家を言葉で判断する傾向があります。結果、美辞麗句
に踊らされ、大言壮語にだまされてしまいます。そこで、次のよう
な言葉が賢者たちから叫ばれています。

📖 *Judge others by their actions, not by their words.*
　　行動で人を判断しなさい。発言ではなく。

　どんな高邁な理想を掲げようとも、いかなる精緻な理論を披露し
ようとも、行動がともなわなければ何ひとつ変わらないのです。

📖 *Actions speak louder than words.*
　　言葉より行動が多くを語る。

語句注

1. stop A ～ing「A が～するのを阻止する」 Britain は動名詞 (going) の意味
上の主語。 go red「(共産主義は"赤"をシンボルとすることから) 赤くな
る→アカくなる→共産主義化する」 **2**. consensus「意見の一致・総意」
conviction「信念・確信」

4-10 アメリカ人にとっての「神」

　アメリカ合衆国で使用されているすべての硬貨には、次のような文字が刻印されています。

　　　E PLURIBUS UNUM 〔エ・プルリブス・ウヌム〕

　これは「多をもって一を成す」(Out of many, one.) という意味のラテン語です。アメリカ合衆国が多くの州からできあがっているということを示しています。

　硬貨や紙幣には次のような文字があります。

📖 *IN GOD WE TRUST*[1]
　　われわれは神を信じる。

　"WE"は、いうまでもなくアメリカ国民。つまり「我らアメリカ国民は神を信じる」と記されているのです。この文句は上院の議場にも刻まれており、アメリカが「神の国」(God's country) であることの宣言にほかありません。

　ある世論調査によれば、「神の下にあるひとつの国家」(One Nation Under God) との忠誠の誓いをすることを支持するアメリカ人は87パーセントにのぼり、指導者がおおやけに神への忠誠を表明するのは「国にとって好ましい」とする人が60パーセントもいます。そういう国ですから、I'm an atheist.（私は無神論者だ）と公言する政治家が当選するはずもなく、それゆえ大統領は演説のしめくくりに、こう述べるのを常とします。

📖 *God bless you.*[2]
　　神の祝福あれ。

📖 *God bless America.*[3]

アメリカに神の恵みあれ。

　科学もまた、宗教とともにあります。アインシュタイン博士でさえ、

📖 *Science without religion is lame, religion without science is blind.*[4]

宗教なき科学は欠陥であり、科学なき宗教は盲目である。

—Albert Einstein（→ p.072）

と明言しています。

　日本人は無邪気に I don't believe in God.（私は神の存在を信じない）といいますが、これを聞いたアメリカ人の9割はその人に対して不信感をいだくことでしょう。なかには露骨に不快感をあらわす人もいるかもしれません。

　アメリカでは、「宗教の自由」が保障されており、どんな宗教を信じようと個人の自由です。じっさい宗教の違いに寛容な人が多いのも事実です。しかし、「神の存在を信じない」という言葉は、宗教そのものを否定しているように聞こえてしまうのです。

　「これといった宗教を信じているわけではない」といいたい場合は、I don't think much about religion.（宗教ごとはあまり関心がありません）と表現したほうが無難です。このようにいえば、あらぬ誤解を避けることができるでしょう。

語句注

1. trust in A「Aを信頼する・Aを信用する」　**2**. May God bless you. の "May" が省略されている。May ... で「……しますように」（祈願）の意味をもつ。　**3**. 上の文と同様、May God bless America. の "May" が省略されている。**4**. lame「足が不自由で・（議論が）説得力のない」　blind「目が不自由で・（主張に）見識がない」

4-11 「神」はいるのか

　科学と宗教が対立する時代がつづいています。この二つは、多く
の国々で「混ぜるな！ 危険」状態にあります。

　イギリスの進化生物学者リチャード・ドーキンズ（Richard
Dawkins: 1941-）は、科学的精神の普遍性と反宗教を説く啓蒙家
であり、熱烈な無神論者です。2006年に出版された本のタイトル
は *The God Delusion*（神は妄想である）です。

　ドーキンズ博士は、キリスト教をはじめ、あらゆる宗教は、神秘
主義と同様、人類にとって有害であり、問題に対しては科学的なア
プローチこそが重要であると説いています。また、反進化論や中絶
反対派による産婦人科医の殺害を強い口調で糾弾しています。

　そもそも人間が神を創ったのか。それとも神が人間を創造したの
か。二人の小説家は次のように述べています。

📖 *God is the most human of man's creations.*
　　神とは最も人間的な、人間の創造物である。
　　　　　　　　　　　　　　　　　　　　—山本周五郎（1903-1967）小説家

📖 *God is only a word dreamed up to explain the world.*[1]
　　神は、世界を説明するために考案された言葉にすぎない。
　　　　　　　　　—Gustave Flaubert（ギュスターヴ・フローベール: 1821-1880）
　　　　　　　　　　　　　　　　　　　　　　　　　　　フランスの小説家

神は人間によって創りだされた想像上の創造物というのです。
ジョン・レノンはこう叫んでいます。

📖 *God is the concept by which we measure our pain.*[2]
　　神はわれわれの苦悩の度合いをはかる概念だ。
　　　　　—John Lennon（ジョン・レノン: 1940-1980）イギリスのミュージシャン

これも、神は人間がつくりだした概念である、という考え方です。

神の存在について悩み抜いた哲学者といえばニーチェですが、彼がとりわけ大いなる関心をもったものに「神と人間」の問題があります。

📖 *Which is it — is man one of God's blunders, or is God one of man's blunders?*[3]

人間が神のしくじりなのか、神が人間のしくじりなのか、どっちだ。

—Friedrich Nietzsche (→ p.027)

いずれにしても「しくじり」なのです。

ニーチェにいわせれば、キリスト教の価値および道徳は、躍動する「生」の足枷 (あしかせ) です。「私はワグナー音楽がなかったら私の青春を堪えきれなかったであろう」と書いたそのワグナーに対しても、そのキリスト教的救済観が気に入らぬとして絶交を申し渡しています。

こんな逆説を述べる人もいます。

📖 *I'm an atheist and I thank God for it.*[4]

私は無神論者だ。そしてそのことを神に感謝している。

—George Bernard Shaw (→ p.018)

ここまでくると、詭弁論理学で解決してもらうしかないでしょうね。

語句注

1. dream A up「A (ばかげた考えなど) を思いつく」 a word dreamed up「考案された言葉」　**2**. measure A by B「B によって A を測定する」　**3**. blunder「大失策・不覚」　**4**. thank A for B「B のことで A に感謝する」

4-12 「資本主義」の最強国

　アメリカがもっとも繁栄を謳歌した時代は1920年代だといわれています。科学技術が著しく進歩し、自動車に象徴される大量生産が可能になり、アメリカ製品が世界を席巻した時代です。「黄金の20年代」と呼ばれ、ニューヨークには摩天楼が建ち並びました。

　ときの大統領クーリッジはこう豪語しています。

📖 *The chief business of the American people is business.*
　アメリカの主たる関心事（ビジネス）は商売（ビジネス）である。
　　　　　　　　　　　—Calvin Coolidge（カルヴィン・クーリッジ：1872-1933）
　　　　　　　　　　　アメリカの第30代大統領

　アメリカは資本主義を推し進め、世界でもっとも富める国になりました。不況も何度か経験しましたが、第二次世界大戦にも勝利したアメリカはさらなる躍進を続けるのでした。しかし、貧富の差は広がり、金融が大きな顔をするようになると、拝金主義を信奉する国民が増殖し始めました。

📖 *Mammon—The god of the world's leading religion. His chief temple is the holy city of New York.*[1]
　拝金──世界に冠たる宗教の神。その神殿は聖都ニューヨーク。
　　　　　　　　　　　—Ambrose Bierce（→ p.010）

　銀行はといえば、金持ちにはいい顔をして、貧乏人には辛くあたるようになりました。

📖 *A bank is a place where they lend you an umbrella in fair weather and ask for it back when it begins to rain.*[2]
　銀行は快晴のときに傘を貸してくれ、雨が降りだすとその傘を

返してくれというところだ。

—Robert Frost（ロバート・フロスト: 1874-1963）アメリカの詩人
＊マーク・トウェインの言葉だという説もあり。

　現代ビジネスの世界では、生き馬の目を抜く熾烈な戦いがくりひろげられています。罠にかけ、かつぎ、あざむく。「だまされたほうが悪い」(It's your fault if you get fooled.) はもはや常識です。

📖 *There is no such thing as a free lunch.*[3]
ただの昼食なんてものはない。

—Milton Friedman（ミルトン・フリードマン: 1912-2006）
アメリカの経済学者

　要は、「ただほど高いものはない」ということです。みみっちいことをいうではありませんか。
　アメリカは、自分さえよければほかはどうでもよいという国のようです。The beauty of me is that I'm very rich. (私の美しさは、私がすごく金持ちだということだ) と胸をはるドナルド・トランプはアメリカ大統領にまで登りつめました。トランプは、アメリカが最強国であり続けることへの執念をあらわにしました。

📖 *I think if this country gets any kinder or gentler, it's literally going to cease to exist.*[4]
この国がやさしくなったり、もの柔らかになろうものなら、文字どおり存在しなくなるだろう。

—Donald Trump（ドナルド・トランプ:1946-）アメリカの第45代大統領

語句注

1. mammon「（悪の源泉としての）富・富と物欲の神」 leading「主要な・もっとも重要な」 **2**. ask for A back「Aを返すように要求する」 **3**. There is no such thing as A.「Aなどあるはずがない」 **4**. any「（条件文で）少しでも、いくらか」 cease to *do*「～するのをやめる」

4-13 偉大な「経営者」とは

多くの企業経営者は人材不足を嘆いています。会社を倒産させてしまったある経営者いわく――「人材に恵まれなかった」。もちろん彼のいう「人材」とは、自分ではなく、部下のことを指しているのでしょう。

他方、経営者の最大の仕事は、人材を育てることだと明言する経営者もいます。そうした経営者は、どうしたら部下がやる気を起こすのかを考えます。

📖 *Management is nothing more than motivating other people.*[1]
　経営は人びとのやる気をおこさせること以外のなにものでもない。
　　―Lee Iacocca（リー・アイアコッカ: 1924-2019）アメリカの企業経営者

メアリー・ケイ・アッシュが若いころに勤めていた会社をやめたのは、男性優位の企業体質に昇進を阻まれたからです。彼女は企業や経営者はどうあるべきかを考え、自分で化粧品会社メアリー・ケイを立ち上げました。

📖 *Everyone wants to be appreciated, so if you appreciate someone, don't keep it a secret.*[2]
　誰もが自分の価値を認められたいと思っている。だから、**賞賛**したいという気持ちがあったなら、それを隠しておいてはだめです。

　　―Mary Kay Ash（メアリー・ケイ・アッシュ: 1918-2001）
　　アメリカの企業経営者

彼女はまた、「リーダーのスピードが、部下のスピードになる」（The speed of the leader is the speed of the gang.）と明言し、男女に関係なく、部下には自分のスピードについてくることを望みま

した。また、それを首尾よく達成した部下には休暇とプレゼントを
与えるなど、さまざまなインセンティヴ・プログラムを用意したの
です。彼女はこう強調しています。

📖 *No matter how busy you are, you must take time to make
the other person feel important.*[3]
　どんなに忙しくても、時間をとって、その人に「自分は大事に
されている」と感じさせるようにしなくてはいけません。

　そして、彼女は「あなたはわが社にとって必要な存在である」と
一人ひとりに伝えたのです。
　誰もが、自分を大切に思ってくれる人の下で働きたいと望んでい
ます。そのことをメアリー・ケイ・アッシュは肝に銘じて、会社の
経営にのぞんだのでした。

📖 *Giving people self-confidence is by far the most important
thing that I can do. Because then they will act.*[4]
　人に自信をもたせることが、私にできるなにより重要なことだ。
自信さえあれば、人は自分から行動を起こすものである。
　—Jack Welch（ジャック・ウェルチ：1935-2020）アメリカの企業経営者

　偉大な経営者と讃えられる人びとには共通点があります。彼らは
人材を嘆くのではなく、部下に感謝し、やる気を鼓舞し、自信をも
たせているのです。

語句注

1. management「（会社の）経営・（組織の）運営」　nothing more than A「A 以
外のなにものでもない」　motivate A「A の意欲を起こさせる」　**2**. appreciate
A「A の真価を認める・A を高く評価する」　**3**. no matter how ...「どんなに
……であっても」　take time to *do*「時間をとって〜する」　**4**. give A self-
confidence「A に自信を与える」　by far「（最上級表現を強めて）はるかに・
断然」

4-14 「顧客」と「経営」

　「お客さまは神様です」は、日本のみならずアメリカでもよく耳にするフレーズですが、早くも 1905 年にその用例が見えます。アメリカ人起業家で、イギリスの高級百貨店セルフリッジの創業者ハリー・ゴードン・セルフリッジ（Harry Gordon Selfridge: 1858-1947）が言い始めたものとされています。

　小売業界の従業員に対して用いられていたようで、スイスのリッツ・ホテルの経営者セザール・リッツ（César Ritz: 1850-1918）なども好んで使っていたフレーズです。

📖 *The customer is always right.*
　お客さまは神様です。

　英語では「お客さまはつねに正しい」と言いあらわします。このスローガンは、どんなに客の言い分が筋のとおらぬものであっても頭をさげて耳を傾けていればきっと報われるという商売の極意を教えて、いまや「黄金律」（the golden rule）になっています。

📖 *Rule 1.　The customer is always right.*
　Rule 2.　If the customer is ever wrong, reread rule 1.
　ルール1　お客さまはつねに正しい。
　ルール2　お客さまがもし間違っていれば、ルール1を読み返
　　　　　　すこと。
　　　　　　　　　　　　—Stew Leonard（スチュー・レオナード社の経営理念）

　大手スーパーマーケットが凌ぎをけずるアメリカで、異色の存在といえるのが「スチュー・レオナード」です。わずか7店舗の展開でありながら、ニューヨーク・タイムズで「デイリーストア界のデ

ィズニーランド」と評されるほどの魅力あるスーパーになりました。
（単位面積あたりの売上高でもギネス記録をもっています）

　経営理念は、お客さま本位を貫くことで徹底しています。

📖 *A rule of thumb. If a customer has a good experience, he'll tell three other people. If he has a bad experience, he'll tell ten other people.*[1]

経験に則していうと、もしお客がいい経験をすれば3人にその話をするが、悪い経験すれば10人にしゃべるだろう。

—Regis McKenna（レジス・マッケナ: 1934-）
アメリカの起業アドヴァイザー

　しかし、顧客のなかにはひどいのもいます。クレーマーと呼ばれる人たちです。「お客さま」という立場にあぐらをかいて、ふんぞりかえっています。だから、顧客全員のいうことなど、聞く必要がないという経営者もいます。

📖 *You can learn a lot from the client. Some 70 percent doesn't matter, but 30 percent will kill you.*[2]

顧客から学ぶことはたくさんある。そのうち70パーセントは、とくにどうということはない。しかし、残り30パーセントは耳を貸さないとひどい目にあう。

—Paul J. Paulson（ポール・J・ポールスン）
アメリカの広告会社社長

　経営学はあらゆる学問のなかでもっとも難しいもののひとつだといった人がいますが、なるほど、そうかもしれません。

語句注

1. a rule of thumb 親指の関節をものさし（rule）に用いたことから「経験則」の意味で用いるようになった。**2.** learn a lot from A「A から多くのことを学ぶ」　matter「重要である」　kill A「A にたいへんな苦労を与える」

4-15 「不易流行」の構え

「万物流転」の言葉どおり、この世の中には不変なものなどひとつもありません。『ガリヴァー旅行記』(*Gulliver's Travels*) の著者で、風刺家として名高いジョナサン・スウィフトは次のように明言しています。

📖 *There is nothing in this world constant but inconstancy.*[1]
およそこの世の中で変わらないのは、変わるということだけ。
—Jonathan Swift (ジョナサン・スウィフト: 1667-1745)
アイルランドの風刺作家

もっと古くは、ヘラクレイトスが説いています。

📖 *There's nothing permanent except change.*[2]
不変のものは変化しかない。
—Heraclitus (ヘラクレイトス: 535? B.C-475? B.C) ギリシャの哲学者

生物の世界においても不変はありません。不老不死の生きものがいないばかりか、種の存続さえ保障されてはいません。ダーウィンはこう語ったといわれています。

📖 *It is not the strongest of the species that survives, nor the most intelligent that survives. It is the one that is most adaptable to change.*[3]
生き残る種とは、もっとも強いものでもないし、もっとも知的なものでもない。それは、変化にもっともよく適応できる種である。
—Charles Darwin (チャールズ・ダーウィン: 1809-1882)
イギリスの自然科学者

　自然淘汰とは、強者生存ではなく、適者生存ということです。つまり、適者とは、変化に適応していける者のことです。

📖 *You can't survive without adaptating to change.*[4]
　変化に適応しなければ生きていけない。

　昨今、ビジネス界でよく使われるのが「不易流行 (ふえき りゅうこう)」です。「不易」とは永遠に変わらないもの、「流行」とは変わり続けることの謂 (い) いですが、残し伝えるべきものを守り、変化を恐れず挑戦することで老舗や企業は存続するといいたいのでしょう。
　ところが、「不易流行」を英語にするのは少々やっかいです。

📖 *Our management philosophy is to inherit tradition and find our way without being afraid of change.*[5]
　我が社の経営理念は「不易流行」である。

　「不易流行」は、「伝統を受け継ぎ、変化を恐れずに前へ進むことである」といえば、誤解されることなく、ちゃんと伝わるでしょう。

語句注

1. nothing constant「変わらないものは何もない」　but「〜を除いては」(＝ except)　inconstancy「変わるということ」　**2**. permanent「不変の・永続する」except「〜を除いては」(＝ but)　**3**. species「種 (しゅ)」　It is A that ...「……なのは A だ」(強調構文)：It is not A nor B that survives.「生き延びるのは A でもないし B でもない」　nor A「A もまたそうではない」　It is the one that is ... は強調構文ではなく、It は the species that survives を指す。be adaptable to A「A に適応できる」　**4**. adapt to A「A に適応する」　**5**. management philosophy「経営理念」　inherit tradition「伝統を受け継ぐ」　find one's way「苦労して前進する」

4-16 「シンプル」な機能美

　ココ・シャネルは、ファッションのモードに大きな足跡を残しています。締めつけられていた女性の身体を解放し、階級を超えて香水を浸透させ、肩にかけるバッグで女性の両手を自由にしました。

📖 *I love luxury. And luxury lies not in richness and ornateness but in the absence of vulgarity. Vulgarity is the ugliest word in our language. I stay in the game to fight it.*[1]

　　私はぜいたくが大好き。ぜいたくとは、お金を持っていることや、けばけばしく飾りたてることではなく、下品でないことをいうのです。ファッションの世界では、下品こそが、もっとも醜い言葉です。私はこれと闘う仕事をしています。

　　　　　　　　　　　　　　　　　　　　—Coco Chanel（→ p.053）

　シャネルの功績はたくさんありますが、「シンプルな機能美」こそが、もっとも偉大なものといえましょう。無駄（過剰な装飾）のない、機能に対する心づかいで、女性たちの身体を活動的にしたのでした。

　アップルの創業者スティーヴ・ジョブズもまた、「シンプルな機能美」を求めたひとりです。

📖 *Design is not just what it looks like and feels like. Design is how it works.*[2]

　　デザインとはたんなる外見や印象のことではない。デザインとは機能だ。

　　　　　　　　　　　　　　　　　　　　—Steve Jobs（→ p.098）

　さらに、ジョブズは「シンプル」についての考察を深めています。

📖 *Simple can be harder than complex. You have to work hard to get your thinking clean to make it simple.*

シンプルであるとは、複雑であることよりも難しいことがある。ものごとをシンプルにするためには、たえず努力を重ねて思考を明確にしなければならないからだ。

　あるときジョブズは、チップや回路をもっとシンプルで機能的な配置にしたいと考えました。しかし技術者たちは、マザーボードをのぞく者など誰もいないと反論します。すると、ジョブズは「偉大な大工は、見えなくてもキャビネットの後ろにちゃちな木材を使ったりしない」とやり返したのです。

　シンプルさは、アップルを成功させた武器のひとつです。クリエイティヴ・ディレクターのケン・シーガル（Ken Segall）は、すべてのラップトップに Mac という名称をつけ、あらゆるコンシューマー製品には iPhone など、"i"を使ったシンプルな名前を与え、ジョブズの理念をかたちにしたのです。

　イタリアのルネサンス期に活躍した、「万能の天才」として知られるダ・ヴィンチは「シンプル」を、こう結論づけています。

📖 *Simplicity is the ultimate sophistication.*

シンプルさは究極の洗練である。

—Leonardo da Vinci（レオナルド・ダ・ヴィンチ: 1452-1519）
イタリアの画家・建築家

語句注

1. lie in A「A に存する・A にある」　ornateness「けばけばしく飾りたてること」　vulgarity「下品・野卑」　**2**. what A look like「A がどのように見えるかということ→A の外見」　what A feel like「A がどのように感じられるかということ→A の触感・A の印象」　how A work「A がどのように動くかということ→A の機能」

4-17 「女性」と「キャリアアップ」

　女は男しだい、という考えがあり、かつては女性もこうした考えを甘受していました。しかし、女は男に従属する性ではない、というあたりまえの考えが、現代では主流になっています。

📖 *People think that at the end of the day a man is the only answer. Actually, a fulfilling job is better for me.*[1]
なんだかんだいっても男がすべてだって人はいうけど、私にはやりがいのある仕事のほうが大切なの。

—Diana, Princess of Wales（ダイアナ: 1961-1997）
英国チャールズ皇太子の元妃

　しかし、働く女性には厳しい現実が待ち構えていました。その高い資質やめざましい成果にもかかわらず、組織内でのキャリアアップを妨げる見えないガラスの天井（glass ceiling）があったのです。

　ヒラリー・クリントンは2016年の大統領選（対抗馬はドナルド・トランプ）における敗北宣言で、女性たちに向けてこう語りかけています。

📖 *I know that we still have not shattered that highest glass ceiling.*[2]
わたしたちは、いまだあのもっとも高い「ガラスの天井」を打ち破るに至っていません。

—Hillary Clinton（ヒラリー・クリントン: 1947-）アメリカの政治家

　女性は男性と同じことをやっても、「女だから」という理由で評価されないという現実があります。また、たとえトップになれたとしても、信頼できる部下が育ちにくく、失敗のリスクが高くなり、足もとが不安定な状況におかれてしまいがちです。そして、その状

態を「ガラスの崖」（glass cliff）と呼ぶことがあります。

　カナダの社会政策を前進させ、オタワ市長もつとめたシャーロット・ウィットンは女性の置かれている立場をこう語っています。

📖 *Whatever women do, they must do twice as well as men to be thought half as good. Luckily, this is not difficult.*[3]

　なにをやるにせよ、女は男の2倍やってはじめて、男の半分の力があると認められる。幸いにして、これは難しいことではありません。

—Charlotte Whitton （シャーロット・ウィットン: 1896-1975）
カナダのフェミニスト

　なかには性的魅力を武器にして男性に認めてもらおうとする女性もいるようです。しかし、それは本来的に間違っているし、ましてやトップを目指す女性のすることではないと戒める声があります。

📖 *People assume you slept your way to the top. Frankly, I couldn't sleep my way to the middle.*[4]

　あいつは寝てトップまでのぼった、とみなさんは思っておいででしょうが、率直に申し上げて、寝てたんじゃ中間までもたどりつけなかったわ。

—Joni Evans （ジョニ・エヴァンス: 1942-) アメリカの出版社重役

語句注

1. at the end of the day「最終的には・つまるところ」　fulfilling「充実感の得られる・やりがいのある」　**2**. shatter A「A を粉々に打ち砕く」　**3**. be thought half as good (as men)「（男性の）半分の出来だとみなされる」　**4**. assume (that) ...「……と決めてかかる」　sleep one's way to the top「寝てトップまでいく・枕営業でトップの地位を得る」

Almost always, the creative dedicated minority has made the world better.

第5章 「逆説」の エピグラム

5-1 「健康」のためなら死んでもいい

　健康は大事です。なぜなら、健康であるがゆえに、仕事をしたり、余暇を楽しんだり、さまざまな活動ができるからです。

　健康はまた貴重なものでもある。なぜというに、どんな大富豪でもお金で健康を買うことはできないからです。

📖 *All the money in the world can't buy you back good health.*[1]
　世界中にあるすべてのお金をもってしても、健康を買い戻すことはできない。
　　　　　　　　　　　　　—Reba McEntire（リーバ・マッキンタイヤ：1955-）
　　　　　　　　　　　　　アメリカのカントリー歌手

　では、健康を維持するにはどうしたらいいのでしょうか。

📖 *The only way to keep your health is to eat what you don't want, drink what you don't like and do what you'd rather not.*[2]
　健康を保つ唯一の方法は、食べたくないものを食べ、飲みたくないものを飲み、気のすすまないことをやることだ。
　　　　　　　　　　　　　—Mark Twain（→ p.035）

　なるほど、しかり。しかし、いつも健康を気にしてばかりいると、逆に不健康になってしまうようです。いきすぎた食事制限や健康食品の過剰摂取で健康をそこねてしまっては、それこそ本末転倒です。

📖 *I would die for health.*
　健康のためなら死んでもいい。

　じっさい、こんなモットーを信奉している人がいるようです。
　しかし、パラドックスもここまでくると、あきれて笑うしかあり

ません。

　すこやかな身体と健全なる心を結びつけて「健康」をとらえる人たちもいます。

📖 *Mind and body are two sides of the same coin.*[3]
　心と体は表裏一体である。

📖 *Health and cheerfulness mutually beget each other.*[4]
　健康と快活さは互いをつくりあっている。
　　　　　　　　—Joseph Addison（ジョゼフ・アディスン: 1672-1719）
　　　　　　　　　　　　　　　　　　イギリスのエッセイスト

　精神と肉体は一体であるという考え方です。いわゆる「心身一如」です。

　快活さと健康を結びつける名句はたくさんあります。わが国にも「病いは気から」という格言がありますが、気の持ちようによって、病いはよくも悪くもなるようです。英語では、次のようなことわざをもって言いあらわします。

📖 *Laughter is the best medicine.*
　笑いは最良の薬。

　ちなみに、ぼやかない、憎まない、呪わない、これがわたしの健康法です。

語句注

1. buy A back B「A に B を買い戻す」　**2**. keep one's health「健康を保つ」　do what you'd rather not「気のすすまないことをやる」　**3**. two sides of the same coin「同じコインの両面→表裏一体」　**4**. cheerfulness「快活さ」　mutually「相互に」　beget A「A を生じさせる・A を生みだす」

5-2 正しい「食生活」

　肥満は高血圧や糖尿病などの生活習慣病を引き起こすという理由で、その撲滅運動が世界じゅうでくりひろげられています。ダンカン・ハインズは、早くから食生活のあり方に注目したひとりですが、次のように警告しています。

📖 *Most people will die from hit-or-miss eating than from hit-and-run driving.*[1]
でたらめに食べて死ぬ人のほうが、 でたらめ運転にひき逃げされて死ぬ人よりも多い。

—Duncan Hines （ダンカン・ハインズ: 1880-1959）
アメリカの食品評論家

　肥満を解消するためには、野菜を中心にした食事療法が基本です。You need to eat more greens. （もっと緑の野菜をとりましょう）と叫ばれるのはそのためです。ベセニー・フランケルは「正しい食生活」を投資にたとえています。

📖 *Your diet is a bank account. Good food choices are good investments.*[2]
食生活は銀行の口座のようなもの。よいものを選んで食べていれば、よい投資といえます。

—Bethenny Frankel （ベセニー・フランケル: 1970-）
アメリカの TV パーソナリティ

　歌手のマドンナやスティング、そしてアル・ゴア （アメリカの副大統領）をはじめとするセレブの食生活に影響を与えたことで知られる料理研究家の西邨マユミさんは次のように語っています。

📖 *Your body is made up of the foods you have chosen to eat.*[3]

あなたのカラダは、あなたが選んで食べたものでできています。

— 西邨マユミ (1956-) マクロビオティック・コーチ

これはべつだん新しい考え方ではありません。英語圏では古くから次のようにいわれてきました。

📖 *You are what you eat.*

あなたは食べているものからできている。

もともとは哲学者ルートヴィヒ・フォイエルバッハの言葉（ドイツ産）であるとか、食通家ジャン・アンテルム・ブリア＝サヴァランの言葉（フランス産）に由来するといわれています。

ブリア＝サヴァランは法律家（政治家）でしたが、『美味礼讃』（*Physiologie du Goût*）の著者としても有名な食通でもありました。『美味礼讃』には数多くの名言がありますが、なかでも次に掲げたものはもっとも有名なものです。

📖 *Tell me what kind of food you eat, and I will tell you what kind of person you are.*

きみが何を食べているかいってみたまえ。きみがどのような人物か当ててみせよう。

— Jean Anthelme Brillat-Savarin (ジャン・アンテルム・ブリア＝サヴァラン: 1755-1826) フランスの法律家・政治家

健康、思考など、食と人間は密接に結びついています。食は人間と、かくも深き仲なのです。

語句注

1. die from A「A が原因で死ぬ」 hit-or-miss「計画性のない・いいかげんな」hit-and-run「ひき逃げの」 **2**. diet「日常の食事・ダイエット・食事療法」account「口座」 investment「投資」 **3**. be made up of A「A から成り立っている」

5-3 「食べ物」に対する愛

　福沢諭吉は『福翁自伝』のなかで「如何なる西洋嫌いも口腹（こうふく）に攘夷（じょうい）の念はない」と綴っています。このことの意味は、西洋のことがどんなに嫌いであってもうまいものはうまい、美味なる料理のまえにあっては外敵を斥（しりぞ）けようとする気持ちはなくなる、ということです。幕府の遣外使節に随行してヨーロッパ諸国を視察してまわった福沢諭吉は、パリのホテルで山海の珍味に舌鼓をうつ一行を目にしてこう記したのです。

　舌は頭より正直です。たしかにおいしい食べ物をほおばっていると、ほんとうに満たされた気分になります。舌もニコニコ（My tongue is smiling.）というか、思わず舌も盆踊り（My tongue is dancing.）です。

　好物は、たとえようもないほどいとおしいものです。バーナード・ショーは『人と超人』（*Man and Superman*）のなかで、「食べ物に対する愛以上に誠実な愛はない」と書いていますが、けだし名言です。

📖 *There is no love sincerer than the love of food.*[1]
　食べ物に対する愛以上に誠実な愛はない。

—George Bernard Shaw （→ p.018）

　「男の心を射止めるには胃袋から」（The way to a man's heart is through his stomach.）という言葉をご存じでしょうか。「男落とすにゃ刃物はいらぬ。きんぴらごぼうがあればいい」と別言してもいいこの言葉は、男は胃袋を満たしてくれる人に情愛を抱き、場合によっては、一飯（いっぱん）の恩は愛情で返すということを教えています。女が男のために、みずからすすんで料理をつくっていた時代の話です。

現代では、男が高級レストランで女をごちそうしなければなりません。男性はレストランの料理で女性を落とすのです。誰かと食べ物をシェアするのは、より濃密な行為をするまえの親密な儀式といえましょう。

📖 *My weaknesses have always been food and men—in that order.*[2]

私の弱点は食べ物と男——いつもその順番だったわ。

—Dolly Parton (→ p.083)

うまいものを食すれば会話も弾みます。弾まなければ、相性が悪いということでしょう。

📖 *A good dinner is of great importance to good talk. One cannot think well, love well, sleep well, if one has not dined well.*[3]

よき会話には、よき食事が不可欠です。そもそも十分な食事をしていなければ、よく考えることも、よく愛することも、よく眠ることもできません。

—Virginia Woolf (ヴァージニア・ウルフ: 1882-1941) イギリスの小説家

どうやら食事こそが生活の基本であるようです。

語句注

1. sincere「正直な・いつわりのない」 2. weakness「弱点・弱み」 in ～ order「～の順番で」 3. of great importance「ひじょうに大切で・不可欠で」 dine「食事をする」

5-4 「飲酒」の世界

ワインは男を酔わせます。恋人がいればなおさらです。上等なワインは彼を詩人に変えてしまいます。

📖 *Wine is bottled poetry.*[1]
　ワインは瓶詰めにされた詩である。
　　　　　　—Robert Louis Stevenson（ロバート・ルイス・スティーヴンスン：
　　　　　　　　　　　　　　　　　　1850-1894）イギリスの小説家

　恋人はしばしばワインにたとえられます。しかし、妻はそうではありません。

📖 *A sweetheart is a bottle of wine, a wife is a wine bottle.*
　恋人はひと瓶のワインであり、女房はワインの空瓶である。
　　　　　　—Charles-Pierre Baudelaire（シャルル・ボードレール：1821-1867）
　　　　　　　　　　　　　　　　　　　　　　　　フランスの詩人

　酒飲みは、愛する酒のためだったら、「文明」までも持ちだします。まことにその理屈たるや頑固このうえなく、下戸（げこ）にはとうてい理解しがたいもののようです。朔太郎は『虚妄の正義』のなかで、次のように書き記しています。

📖 *Drinking is a savage satire on modern civilization.*[2]
　飲酒は、文明に対する一つの辛辣な風刺である。
　　　　　　　　　　　　　　　　　　—萩原朔太郎（1886-1942）詩人

　日本は酔っ払い天国だそうです。そういわれれば、じっさい酒のうえのことだとして無礼な態度や失礼な発言がずいぶん大目に見られているような気がします。
　とはいえ、その酒飲みだって悩みはあります。酒は身体に血を

めぐらせ口を軽快にする魔力があるゆえ、つねに後悔にあとをつき
まとわれています。一度たりとも後悔をしたことがないという酒飲
みなどいないはずです。酒を飲んで暴れた翌朝に、どれほど多くの
人が「酒はもうやめよう」と思ったことでしょうか。

しかし、です。そのやめる決意も酒に相談してみないとはじまら
ないというのが酒飲みの酒飲みたるゆえんです。あたかも二人は腐
れ縁の恋人同士のようです。チャンドラーは『長いお別れ』(*The
Long Goodbye*) のなかでこう書いています。

📖 *Alcohol is like love.*
アルコールは恋愛のようなものだ。
—Raymond Chandler (レイモンド・チャンドラー: 1888-1959)
アメリカの小説家

ときはいつなんめり。30年ほどまえだったでしょうか、横浜駅
近くの、とある居酒屋で、酔っ払いが次のように叫んだのを耳にし
ました。

📖 *I'm not alcohol dependent. It depends on me!*[3]
俺はアルコール依存症なんかじゃない。アルコールが俺に依存
してるんだ。

至言です。

「酒と人間はたえず闘い合い、たえず和解している仲のよい二人
の闘士のような感じがする。負けたほうがつねに勝ったほうを抱擁
する」といったのはボードレールですが、言い得て妙ですね。

語句注

1. bottled「瓶詰めにされた」 poetry「(集合的に)詩」 **2**. savage「(批判が)
手厳しい・辛辣な」 a satire on A「Aに対する風刺・Aに対する皮肉」
modern civilization「現代文明」 **3**. be alcohol dependent「アルコール依存症
である」 depend on A「Aに依存する・Aに頼る」

5-5 究極の「ストレス解消法」

　現代はストレス社会です。人間関係や仕事において、悩みや心配は絶えることがありません。そこで、みなそれぞれにストレス解消法をもっているようです。

📖 *Running is a great way to relieve stress and clear the mind.*[1]
　ランニングは、素晴らしいストレス解消法よ。気持ちをすっきりさせてくれる。
　　　　　—Joan Van Ark（ジョウン・ヴァン・アーク: 1943-）アメリカの女優

　ランニング、散歩、カラオケ、料理、食事、坐禅、ヨガなど、ストレスの解消法はさまざまです。
　しかし、なかには、そのどれもが面倒で、それ自体がストレスになってしまうとぼやく人がいます。

📖 *The process of doing something to get rid of stress is stressful.*[2]
　ストレスを解消しようとして何かをしようとする、それ自体がストレスだ。

　では、何もせずにストレスが軽減できるかといえば、そうでもなさそうです。何もしなければ、やはりストレスはたまるいっぽうです。
　そこで注目されているのがペットです。ペットには不思議な癒しの力がある（Pets have a strange healing power.）といいます。じっさい、ペットとの生活は健康増進に役立つという研究報告も発表されています。
　いまや空前のペット・ブームです。人間は、人間といるより、ペットと一緒にいるのを好むようになったようです。

📖 *The better I get to know men, the more I find myself loving dogs.*[3]

人間を知れば知るほど、犬が好きになってくる。

—Charles de Gaulle（シャルル・ド・ゴール: 1890-1970）
フランスの第18代大統領

　このしゃれた言いまわしは、じつはフランス人が好んで使う慣用句に由来します。「人間たちを見れば見るほど、犬に感心したくなる」（Plus je vois les hommes, plus j'admire les cheins.）がそれです。

　英語では、The more I see of men, the more I admire dogs. といいます。この成句を知っている英米人がいれば、かなりの教養人と見てよいでしょう。『ガリバー旅行記』で有名なジョナサン・スウィフト（→p.136）も「人を見れば見るほど馬が好きになる」と、犬を馬（horses）にかえて使っています。

　犬のやさしさや忠実さを好むいっぽう、猫のきまぐれや気ままを愛す人たちもいます。

📖 *No animal has more liberty than the cat. The cat is the best anarchist.*[4]

猫ほど自由な動物はいない。猫は最高のアナーキストだ。

—Ernest Hemingway（→p.121）

　しかしながら、ペットにおしゃれな帽子をかぶらせ、高価な服を着させたりしているのを見ると、それがペットのストレスになっていやしまいかと考えるのは筆者だけではないでしょう。

語句注

1. relieve stress「ストレスを解消する」　clear the mind「気持ちをすっきりさせる・雑念を払う」　**2**. get rid of A「Aを取り除く」　**3**. The ＋比較級, the ＋比較級.「〜すればするほど、ますます……」　find oneself 〜ing「気がつくと〜している」　**4**. anarchist「無政府主義者・アナーキスト」

5-6 「よき友」とは

　友人は貴重な存在であるものの、それはそれでなかなかやっかいな存在です。一緒に仕事をして楽しい友人もいれば、プライヴェートでしかつき合いたくない仲間もいます。すぐに意気投合する親しみやすい人もいれば、長年つき合ったのちに断絶してしまう友だちもいます。

　吉田兼好は『徒然草』(第百十七段) のなかで、「友とするに悪き者」として七種類の人を挙げています。

　一つには「高く、やんごとなき人」(the man of lofty position) です。苦労をしたことのないエラい人とはつき合いにくいものです。

　二つには「若き人」(the young man) です。人生経験の少ない若者とはなかなかわかり合えないものです。

　三つには「病なく、身強き人 (the man of robust constitution who has never known a day's illness) です。病気のひとつもしたことのない人とは人生の悲哀を分かち合えないものです。

　四つには「酒を好む人」(the man fond of liquor) です。酒好きはとかく自分勝手にふるまいたがるものです。

　五つには「たけく、勇める兵」(the fierce soldier) です。血気にはやる人とは穏やかな話ができないものです。

　六つには「虚言する人」(the liar) です。嘘つきは信用するに値しないのです。

　七つには「欲深き人」(the miser) です。物欲や独占欲の強い人は嫉妬心が強く、また自分本位です。共通点は、思いやりに欠ける、自己中心的で身勝手な人間です。

　いっぽう、「よき友」には三種類あります。

　一つには「物くるる友」(the friend who gives you things) です。いまの世の中にあてはめてみれば、食べ物や衣類などの必需品だけ

でなく、貴重な情報なども含めてよいでしょう。

　二つには「医者」(いず)（the doctor）です。治療や忠告をほどこしてくれる医師が身近にいると、心が安まるものです。

　三つには「知恵ある友」（the friend with wisdom）です。親身になって相談にのってくれ、あまつさえ知恵を授けてくれるのなら、これ以上の心踊りはめったにないでしょう。共通点は、相手を思いやる気持ちのある人間です。

　思いやりがなければ友情は成り立ちませんが、思いやりは信頼関係が土台になっています。

📖 *The best way to find out if you can trust somebody is to trust them.*[1]

ある人を信頼できるかどうかを試すのにいちばんいい方法は、その人を信頼してみることだ。

—Ernest Hemingway（→ p.121）

　夢を語ってみるのもいいでしょう。あなたの夢に頭ごなしにケチをつける人は、あなたの友だちにふさわしくありません。

📖 *Keep away from people who try to belittle your ambitions. Small people always do that, but the really great make you feel that you too can become great.*[2]

夢をけなす人間には近づくな。たいしたことのない人間ほど、人の夢にケチをつけたがるものだ。真に偉大な人間は、夢を成し遂げられるのだと思わせてくれる。

—Mark Twain（→ p.035）

語句注

1. find out if ...「……かどうかをつきとめる」　**2**. keep away from A「A を遠ざけておく」　belittle A「A をけなす・A をみくびる」　the really great「真に偉大な人びと」

5-7 「親しき仲」にこそ礼儀あり

親しくなると、ついつい思いやりの気持ちを忘れて、相手の心のなかに土足で踏み込んでしまいます。じっさい、ここまでが親しさ、ここを越えるとなれなれしさになると線引きすることは難しいものですが、親しいこととなれなれしいことは違う、とみんなそれぞれに意識しています。

べたべたした人間づき合いが苦手で、さっぱりした関係のほうを好むと公言する人がいます。人間同士のつき合いや男女の機微を描かせたら天下一品であった田辺聖子は、次のように書いています。

📖 *I hate that sticky kindness some people have. Sometimes it's kinder to leave things undone and unsaid.*[1]
私は、べたべたする親切はきらいで、抛(ほ)っとくのが親切だと思うことが多い。

—田辺聖子 (→ p.059)

じっさい、「べたべた」が好きという人は稀(まれ)でしょう。しかし、口ではそうはいってみても、おおかたの人間はさびしがりやだから、「べたべた」とつき合ってしまいがちです。そうなると、「親しき仲にも礼儀あり」はいつしか忘れられ、無遠慮にものをいうようになります。気がつけば、自分の価値観を相手に押しつけてしまっています。

相手の時間を奪って平気な人もいます。一緒にいて気分がいいのは相手も同じだ、と思ってしまうのです。

📖 *The art of being a good guest is knowing when to leave.*[2]
好まれる来客になるコツは、帰る時間を心得ること。

親しみも、度がすぎると、軽蔑を生みだしてしまうようです。

📖 *Familiarity breeds contempt.*[3]
親しみすぎると軽蔑を生じる。

この格言は知恵の精髄です。「親しき仲にも礼儀あり」ということわざがありますが、「親しき仲にこそ礼儀あり」というべきなのかもしれません。良きつき合いをしていくためには、互いを隔てる垣根が必要であるようです。

📖 *A hedge between keeps friendship green.*[4]
親しき仲にも礼儀あり。

「あいだに垣根があると、友情はグリーンに（生きいきと）保たれる」というわけです。英米人が好んで使うフレーズです。
『荘子』の「山木篇」では、次のような世の実相を描いています。

📖 *The intercourse of great men is frank and fresh as water.*[5]
君子（くんし）の交わりは淡きこと水の如し。

君子とは、高い教養と徳をそなえた人のことです。ものごとをわきまえた立派な人の交際は、水のように淡泊であるが、その友情はいつまでも変わらないものだというのです。続けて、「つまらぬ小人の交際は、まるで甘酒のようでべたべたしており、濃密にように見えても長続きはせず、破綻を招きやすいものだ」とあります。

語句注

1. sticky「べたべたした・べたついた」 leave things undone「（ものごとを）放っておく」 leave things unsaid「（ものを）いわないでおく」 **2**. the art of 〜ing「〜するコツ」 **3**. breed A「Aを生みだす」 contempt「軽蔑」 **4**. a hedge between「あいだの垣根」 **5**. intercourse「交流・親交」 be frank and fresh「自然でかつ新鮮である」

5-8 「会話」の名手

　会話とは相手がいて成り立つものです。一方的に話すのを、会話とは呼びません。

📖 *Two monologues do not make a dialogue.*[1]
　二人が勝手にしゃべりまくることを会話とはいわない。

　コミュニケーションの場といいながらも、少数の人、いや場合によっては単数の個人の独演会になってしまうこともあります。

📖 *Many attempts to communicate are nullified by saying too much.*[2]
　コミュニケーションを図ろうとする試みは、しゃべりすぎによって無効に終わることが多い。
　　　　　　—Robert Greenleaf（ロバート・グリーンリーフ: 1904-1990）
　　　　　　アメリカの教育者

たいていの人はしゃべりたくてたまらないようです。なかでもアメリカ人はよくしゃべる国民として知られています。

📖 *Today, communication itself is the problem. We have become the world's first overcommunicated society. Each year we send more and receive less.*[3]
　コミュニケーションそのものが問題である。わが国は、世界でもっとも早くコミュニケーション過剰社会になった。年ごとに発信が増え、受信が減っていく。
　　　　　　—Al Ries（アル・ライズ: 1926-）アメリカのマーケティング戦略家

ネットの世界でも、発信ばかりに夢中になって、受信に関心を払わない人が増えたようです。どおりで本が売れないわけです。

　自分の意見をちゃんと聞いてもらうにはどうしたらいいのでしょうか。

📖 *The less you talk, the more you are listened to.*
口数を減らせば減らすほど、より聞いてもらえるものよ。

—Abigail Van Buren（アビゲイル・ヴァン・ビューレン：1918-2013）
アメリカのコラムニスト

　少なく語れば、相手は耳を傾けてくれるというのです。逆に、口数が多いと、聴き手は愛想を尽かしてしまうようです。

📖 *Bore — A person who talks when you wish him to listen.*[4]
退屈な人──こちらの話を聞いてもらいたいときにしゃべりまくる人。

—Ambrose Bierce（→ p.010）

　よい話し手になるには、聞き上手にならないといけません。それがコミュニケーションの要諦（ようてい）です。

📖 *To be a good speaker, you should be a good listener.*
よい話し手になるためには、まずよい聴き手であらなければならない。

語句注

1. monologue「ひとりでしゃべること」　dialogue「対話・会話」　**2**. attempt「試み」　be nullified by A「A によって無効にされる」　**3**. an overcommunicated society「コミュニケーションが過剰な社会」　send more「より多くを発信する」　receive less「より少なく受信する」　**4**. wish A to *do*「A に〜するように望む」

5-9 「理解」と「誤解」

　相手のことを完全に理解することは、いかなる意味においても無理のようです。

📖 *Every deep thinker is more afraid of being understood than being misunderstood.*[1]
　ものごとを深く考える者たちはおしなべて、誤解されるより理解されることを恐れている。

—Friedrich Nietzsche（→ p.027）

　だとしたら、わたしたちが呼んでいる「理解」というものはいったい何なのでしょうか。

📖 *What is understanding? It may be based on your misunderstandings of each other.*[2]
　「理解」とは何か。それは互いの誤解の上に成立しているかもしれないのだ。

—亀井勝一郎（→ p.011）

　混乱を忙しさと誤解し、無鉄砲を勇気と誤解し、無知を純朴と誤解し、弱さを優しさと誤解し、憐憫（れんびん）を同情と誤解し、悪意を善意と誤解し、腰の重さを落ち着きと誤解し、わがままを主体性と誤解し、主体性のなさを協調性と誤解し、下心を真心と誤解し、居眠りを瞑想と誤解し、薄情を非情の情と誤解してくれたら、これ幸いです。

　どうやら、理解とは「好意的な誤解」、誤解とは「悪意のある理解」であるらしい。ゆえに、やることのすべてを理解されたのなら「愛されているんだなあ」と思えばいいし、ことごとく誤解されるようなら「嫌われているんだ」と思えばよろしい。

人は信じたいものを信じようとします。それゆえ、明らかに嘘だと思っても、かたくなにそれを信じようとするのです。『マーフィーの法則』(*Murphy's Law*) にはこうあります。

📖 *No matter how often a lie is shown to be false, there will remain a percentage of people who believe it true.*[3]
どんなにその嘘が間違っていると証明されても、なお真実だと信じる人が一定数はいるものだ。

理解するとは、すなわち「認める」ということです。そう考えてみたらどうでしょうか。アンドレ・ジードは、「理解」を次のように定義しています。

📖 *Understanding is the beginning of approving.*
理解とは、是認への第一歩である。
—Andre Gide (アンドレ・ジード: 1869-1951) フランスの小説家

人は「承認」されたがっています。

認められたいという気持ちを「承認欲求」(desire for recognition / need for approval) といいますが、程度の差はあれ、だれもがもっている欲求です。その承認欲求をめぐって、どうやら人は理解したり、誤解したりしているようです。

語句注

1. a deep thinker「ものごとを深く考える人」 be afraid of A「Aを恐れている」 be misunderstood「誤解される」 **2**. be based on A「Aに基づいている」 **3**. no matter how ...「どんなに……であっても」 be shown to be 〜「〜であると証明される」 false「間違っている」 There remains A.「Aが残っている」

5-10 「沈黙」と「真理」

　日本のような均質社会では、以心伝心で自分の思いが伝わると思い込んでいます。

　また、「沈黙は金なり」「巧言令色 (こうげんれいしょく) すくなし仁」(論語)「口は災いのもと」「目は口ほどにものをいう」「もの言へばくちびる寒し秋の風」(芭蕉) などの箴言に見られるように、日本では意見をズバズバと述べることを積極的に評価しません。

　しかし、ひとたび国境を越えれば、こうした日本人の美徳は理解されません。「おとなしい」は「主張すべきことがない」とみなされがちです。『聖書』(「ヨハネによる福音書」1章1節) にはこうあります。

📖 *In the beginning was the Word, and the Word was with God, and the Word was God.*
　　初めにことばあり。ことばは神とともにあり。ことばは神であった。

　言葉は神が人間に与えてくれた恵みであるという認識を欧米の人たちはもっています。雄弁は美徳であり、沈黙は無能であると考える彼らの発想の根本がここにあります。

　とくにアメリカの場合は、自然発生的にできた国ではなく、人為的に形成された国であり、多種多様の人種や民族があつまった多民族社会だから、言葉を尽くさなければ互いに理解しえない、沈黙していたのでは何もはじまらない、という前提があります。つまり、言葉に対する信頼感が日本人とはかけ離れているのです。

　英語の格言に Silence is golden. (沈黙は金なり) というのがありますが、これは雄弁文化における「思慮深い沈黙」のことを指しているのであって、相手が察してくれることを期待して黙っているのを讃えているのではありません。自分の意見を表明しなければならない場では、Silence is deadly. (沈黙は致命的) なのです。話すこ

とに臆病になると、聞き役にまわることが多くなり、誰からも興味をもたれなくなり、いつのまにか仲間はずれにされてしまいます。

　どうして仲間はずれにされてしまうのでしょうか。それは、聞き役にまわるということが、そもそもコミュニケーションのルールから逸脱した行為だからです。おとなしい人が信用されない理由はここにあります。

　コミュニケーションは、相手の意見も聞くが、自分の意見もいうというのがルールです。インプットしたらアウトプットもする。それでなくては、コミュニケーションは成り立ちません。たとえそれが反対意見だとしても、堂々と述べることがコミュニケーションの掟なのです。

📖 *If all of mankind minus one were of one opinion, and only one person were of the contrary opinion, mankind would be no more justified in silencing that one person, than he, if he had the power, would be justified in silencing mankind.*[1]
ひとりを除いた全員がひとつの意見にまとまっており、反対意見をもった者がたったひとりしかいないにしても、その人間を沈黙させることは許されない。それはそのひとりの人間が人類を沈黙させる権力をもっているとしても、そうすることが許されないのと同じである。

—John Stuart Mill（ジョン・スチュアート・ミル: 1806-1873）
イギリスの政治哲学者

　コミュニケーションの機会が奪われ反対意見に耳を貸さなくなると、真理は消え失せ誤謬（ごびゅう）がはびこる土壌ができあがるのです。

語句注

1. minus「～を引いた」（前置詞）　be of one opinion「ひとつの意見でまとまっている」　be justified in ～ing「～して差し支えない・～するのは正当である」　silence A「A を黙らせる」　A is no more ～ than B「A は B と同様、～である」

5-11 「嘘」の真実

人は信じたいものを信じようとします。だから、途方もない大きな嘘であるかもしれないと思っても、信じたいものであれば信じてしまいます。

📖 *The great masses of the people will more easily fall victims to a big lie than to a small lie.*[1]
   大衆は、小さな嘘よりも、大きな嘘の犠牲になりやすい。
   —Adolf Hitler（アドルフ・ヒトラー：1889-1945）ドイツの独裁者

独裁者がこう述べていることを、われわれは記憶にとどめておかなくてはなりません。信じたいものはまた、人びとの口の端にのぼり、よく伝播します。

📖 *A lie can travel half way around the world while the truth is putting on its shoes.*[2]
   真実が靴をはくあいだに、嘘は地球を半周する。
   —Mark Twain（→ p.035）

しかし、嘘を必要とするものもあります。
芸術がそれです。芸術家たちは、ひとつの真実を浮かびあがらせるために、真実の周囲をフィクションで埋め尽くします。

📖 *Art is a lie that makes us realize the truth.*[3]
   芸術とは、わたしたちに真実をわからせてくれる嘘である。
   —Pablo Picasso（→ p.104）

嘘と真実は紙一重です。嘘つきと正直者も同じ関係にあります。嘘つきも、一流ともなれば創造的な仕事と結びつけてしまいます。

📖 *Any fool can tell the truth, but it requires a man of some sense to know how to lie well.*[4]

> どんなバカでも真実を語ることができるけれど、嘘を上手につくにはかなりの知恵がいる。

—Samuel Butler（サミュエル・バトラー：1835-1902）イギリスの小説家

　まるっきり嘘だとわかる嘘をついたら人は欺（あざむ）けません。嘘つきは真実を知っていなくてはならないし、また真実に近いことをいわねばなりません。その微妙な匙（さじ）加減が、一流の嘘つきかどうかの分かれ目になります。むろん記憶力においてもすぐれていないいといけません。

📖 *A liar should have a good memory.*[5]

> 嘘つきは記憶力がよくなければならない。

—Quintilianus（クゥインティリアヌス：35?-100?）
ローマ帝国の修辞学者

　いうことがコロコロかわったのでは、嘘つきとしては失格です。その意味でいうと、嘘つきは日々、厳粛な綱渡りを課せられているといえましょう。

語句注

1. the great masses（of the people）「一般大衆」　fall victims to A「A の犠牲となる」　**2**. travel half way around the world「地球を半周する」（"halfway" と 1 語で書くこともある）　put on A「A を身につける」　**3**. make A realize B「A に B をわからせる」　**4**. know how to *do*「〜のやり方を知る」　**5**. have a good memory「記憶力がよい」

5-12 「カネ」がものいう

お金にまつわる格言、箴言 (しんげん)、そしてそのもじりを収集したら、それこそ数えきれないほどありますが、なかでももっとも有名なものといえばこれです。

📖 *Money talks.*
カネがものをいう。

「カネの影響力は大きい」や「カネの効き目は大きい」を英語ではこのようにいいます。17世紀半ば (イタリアの格言) にその源流を見ることができます。これにちょっとつけ足して、

📖 *It is true that money talks. It always says goodbye to me.*
カネがものをいう、というのはほんとうだよ。いつもサヨナラっていうんだ。

とやってみるのもよいかもしれません。財布を取りだし、いざ支払いというときに使えば、けっこうウケます。
お金の話をしている最中に、こうつぶやいて笑いをとる人もいます。

📖 *When money talks, everybody listens.*
カネが話しだすと、みんな耳をかたむける。

さて、読者諸賢はお金というものをどうとらえていますか。先人たちは、次のようにほのめかしています。

📖 *A golden key opens every door.*
地獄の沙汰もカネ次第。

「黄金の鍵はどんなドアでも開ける」は、「お金さえあればどんなことでもできる」を意味しているということです。"A golden key opens any door."ということもあります。はっきりと、

📖 *Money makes the world go round.*
　世の中、お金しだい。

ということもあります。「お金があれば世の中はまわる」のです。
　お金の偉大な力を讃えるものが多いというか、カネが万能である
といわんばかりのものがけっこうあります。

📖 *Money is like a sixth sense without which you cannot make*
　a complete use of the other five.[1]
　お金というのは第六感みたいなもので、もしこの第六感がない
　と、わたしたちは他の五感をうまく使いこなすことができなく
　なってしまう。
　　　　　　　　　　　—Somerset Maugham（サマセット・モーム: 1874-1965）
　　　　　　　　　　　　　　　　　　　イギリスの小説家

　洞察力にすぐれたモームならではの言葉です。
　いっぽう、カネのない、貧しい者を励ますことわざもあります。
貧しいからといって悲観するな、真面目に働いていれば、いつか自
分のところにも回ってくるだろう、となぐさめてくれます。

📖 *Money will come and go.*[2]
　カネは天下の回りものさ。

英語国民はそんなとき、

📖 *Money will go and go.*[3]
　カネは天下の回りのものだよ。

とまぜっかえすのも、おなじみのやりとりです。

語句注
　1. make use of A「Aを使用する・Aを活用する」　**2**. come and go「出たり入
ったりする」　**3**. go and go「去っていくばかりである」

5-13 「お金持ち」は人気者

世の中には金持ちという人種がいて、こう豪語する人がいます。

📖 *If you can count your money, you don't have a billion dollars.*
カネをいくら持っているか数えられるようなら、まだ億万長者とはいえない。

—Paul Getty（ポール・ゲッティ: 1892-1976）アメリカの石油王

金持ちはこんなに威張っても嫌がられないから不思議です。Knowledge is power.（知識は力なり）はよく知られた金言ですが、

📖 *Money is power.*
カネは力なり。

ということわざもあります。なんといっても金の力は絶大であり、それゆえ金持ちはどんなに威張っても人気者です。

📖 *A rich man's joke is always funny.*
金持ちの冗談はかならずおもしろい。

📖 *Money recommends a man everywhere.*[1]
金持ちはどこでもウケがいい。

お追従（ついしょう）笑い、というのがあります。貧乏人や労働者が金持ちや上司たちにへつらって笑う、あれです。そうしたとき、笑いの口火を切る人はきまっています。ジョークをいった本人がまず先に笑うのです。寄席（よせ）などでたまに演者が客よりも先に笑ってしまうことがありますが、たいていそういうのは二流三流の芸人ときまっています。聞かされるほうは、ちっとも愉快ではありません。

　寄席芸人の場合は、意識的な欠伸（あく）の連発や腹に力をこめた睨（にら）みの視線で応酬することもできますが、金持ちや上司の場合はそうはいきません。そこはそれ、いうにいわれぬ邪（じゃ）な算段がありますから、つられるどころか、それにもまして大きな声で笑うのです。

📖 *The loudness of a subordinate's laugh is proportional to the banality of his boss's joke.*[2]
上司のジョークのつまらなさと、部下の笑い声の大きさは比例する。

　悲しいかな、多くの人間は権威とカネには弱いものです。どんなに有能であっても、それをひけらかしてはいけないのです。そこで、こう戒める人がいます。

📖 *Don't let rich people know you're better than they are.*
金持ちには、自分のほうが有能であることを悟られてはいけない。

　とはいえ、お金持ちに皮肉のひとつも投じてやりたいところです。

📖 *A rich man is nothing but a poor man with money.*[3]
金持ちなんて、しょせんカネのある貧乏人じゃないか。
　　　　　　—W. C. Fields（W・C・フィールズ: 1880-1946）アメリカのコメディアン

語句注

1. recommend A「Aを魅力的な存在にする」　2. subordinate「（職場などの）部下」　be proportional to A「Aに比例している」　banality「つまらなさ」　3. nothing but A「Aにすぎない」（「A以外のものではない」）

5-14　追いかけてくる「税金」

　金持ちや財産家といえども、怖いものがないわけではありません。富豪たちが恐れているのは、ずばり、死と税金です。

📖 *In this world nothing is certain but death and taxes.*[1]
　　この世で避けてとおれないもの。それは死と税金。

—Benjamin Franklin (→ p.014)

　死と税金は確実にやってくるのです。「○○は確実だ」というとき、アメリカ人はよく〈○○ is as certain as death and taxes.〉というフレーズを使って強調します。

　働く者には、とうぜん税金が課せられます。とりわけ都会で働くビジネスパーソンは、給料を受け取る際、あらかじめ「天引き」されているから、どうあがいても税金から逃れられません。

📖 *The thing generally raised on city land is taxes.*[2]
　　都会の土地ですくすく育つものといったら、税金くらいのものだ。

—Charles D. Warner (チャールズ・D・ワーナー：1829-1900)
アメリカの作家

　税金はしかたないものです。それがなくては、道路も整備がすすまないし、ゴミの処理にだって困ってしまいます。

📖 *I'm thankful for the taxes I pay because it means that I'm employed.*[3]
　　税金を払えることに感謝しているわ。だって仕事があるってことだもの。

—Nancie J. Carmody (ナンシー・J・カーモディ)

　このような殊勝なことをいう人もいます。しかし、税にもいろい

ろあって、なかには承服しがたい税もあります。

📖 *The hardest thing in the world to understand is the income tax.*[4]

世界でもっとも理解に苦しむのは所得税である。

—Albert Einstein（→ p.072）

　アメリカの所得税はまだいいほうです。日本の累進課税に目を向けていただきたい。先進国のうちで日本ほど所得の多い人に重税を課している国は見当りません。かつては所得の9割を持っていかれるという人もいました（現在の上限は45パーセントです）。すなわち成功すればするほど、日本の税制は苛酷になっていくのです。

　くわえて、「相続税」（inheritance tax）なる税金もあります。所得税を納めた残余に、あらたに相続税を課しているのです。所得税を支払った人が死んだあとも、その残った財産に課税しているのです。明らかに二重課税です。これは違法ではないのでしょうか。どう考えてもわかりません。

📖 *A fine is a tax for doing something wrong.*
A tax is a fine for doing something right.[5]

罰金とは、犯した過ちに課せられる税金。
税金とは、立派なおこないに課せられる罰金。

　日本は自由主義を標榜していても、税制は社会主義そのもののようです。

語句注

1. but A「A以外に・Aを除いて」　**2.** raise A「Aを育てる」　**3.** be thankful for A「Aに感謝している」　**4.** income tax「所得税」　**5.** fine「罰金」

5-15 「友情」と「お金」の真相

逆境の渦中にある友は見捨てられがちです。

友人を定義するものとして、もっとも人びとに知られている格言は次のものです。

📖 *A friend in need is a friend indeed.*[1]
　必要なときの友こそ真の友。

一般に「困っているときに助けてくれる人こそがほんとうの友だ」という意味で用いられますが、困ったときだけ援助を求めてくる人に「困ったときだけ親友になるんだな」と皮肉をいうときにも使われます。もじりもあります。

📖 *A friend not in need is a friend indeed.*[2]
　困っていない友こそ真の友。

📖 *A friend in need is a friend to be avoided.*
　必要なときの友こそ避けるべき友。

悲しいかな、友情は多くの場合、お互いの打算のうえに成り立っています。それが証拠に、金持ちには"友だち"が多いものです。

📖 *Rich people have many friends.*
　金持ちに友多し。

そして、打算関係がこじれると、「金の切れ目が縁の切れ目」と相成ります。だから、こう忠告する人もいます。

📖 *Fair-weather friends are not worth having.*[3]
　晴天の友は持つに値しない。

こうしたことは家庭内でも起こるようです。

📖 *When poverty comes through the door, love goes out the window.*
   貧乏が玄関から入ってくると、愛情は窓から出ていく。

「カネを貸してほしい」という友人がいるとしましょう。友人だから貸してあげたいが、こっちだってカネが余っているわけではありません。しかたなく、いくばくかのカネを貸してあげると、借りたほうはうしろめたさを感じるし、貸したほうは催促することのストレスを背負い込むことになります。

シェイクスピアは「カネの貸し借りをしてはいけない。カネを貸せば、カネも友もなくしてしまう」と述べて、後世の人びとに知恵ある言葉を授けました。次のようなことわざになって、いまに伝わっています（シェイクスピアの箴言は pp.200-201 でまとめています）。

📖 *Lend your money and lose your friend.*
   カネを貸せば、友人を失う。

📖 *If you lend your money, you lose money and friendship.*
   カネを貸すと、金も友情もなくす。

📖 *Don't lend money to friends.*
   友人にはカネを貸すな。

大切な友情にひびが入ることがないように、親しい友人とのカネの貸し借りは避けたほうが賢明のようです。
また日常会話では、こんなフレーズをよく耳にします。

📖 *Borrowing and lending money can ruin a friendship.*[4]
   カネの貸し借りは友情関係を損なう。

語句注

1. "in need" と "indeed" が韻を踏んでいる。indeed「本当に・たしかに」 **2.** 強調のため "not" を強く発音する。 **3.** fair-weather「晴天の時だけの・都合のいい時だけの」 be worth ~ing「～する価値がある」 **4.** ruin A「A を台なしにする・A をそこなう」

5-16 「質問」をすべきか否か

　アメリカの大学へ留学した日本人学生が驚くことがある。それは学生たちが授業中にさかんに手をあげて質問したり、意見をいったりすることです。

　アメリカでは、生徒は積極的に授業に参加することが求められます。先生の解説講義を聞くのではなく、先生と生徒による双方向の授業が展開されるためです。教室の後ろのほうで黙って聞いていたり、居眠りをしていれば、どんなにいい論文を書こうとも、成績がふるわなかったりします。

　欧米、とくにアメリカには、たんに知識を得るだけでなく、自分で考える力を養うことが必要であるという基本姿勢があります。ですから、積極的に質問したり、意見を述べたりすることが、学ぶ場においてはとりわけ重要なことだとされています。

　質問を聞けば、どこに関心が向いているかがわかるし、意見に耳を傾ければ、問題をどれぐらい理解しているかが把握できるので、先生たちもそうした学習態度を積極的に生徒にうながしています。

　先生が生徒に発言を促すときに、かならずといっていいほど使う表現があります。

📖 *It doesn't [won't] hurt to ask.*[1]
　質問したって、誰も傷つきはしないよ。

📖 *Nothing is lost for asking.*[2]
　人にものを聞いたからといって、失うものは何もない。

　そのほか、Don't hesitate to ask me anything. (遠慮せずに質問して) とか、Feel free to ask me anything. (どんどん質問して) ということもあります。

このようにして、質問しやすい雰囲気をつくるのです。もっとも、これは学校の授業にかぎったことではなく、会議やセミナーなどの場にもあてはまります。

📖 *There's no such thing as a stupid question — only stupid answers.*
　バカげた質問などひとつもない。あるのはバカげた答えだけ。

このように述べて、生徒を笑わせる先生もいます。
なかには、質問がないことに不満を示す先生たちもいます。

📖 *If you don't ask a question after you listen, you weren't paying attention.*[3]
　話を聞いたあとで質問をしないというのは、興味をもって聞いていなかったということだ。

いっぽう、日本の場合はどうでしょうか。

📖 *Asking is a moment's shame, not asking is a lifelong shame.*
　聞くはいっときの恥、聞かぬは一生の恥。

「人にものをたずねることをためらうな」という意味ですが、ものをたずねるのは shame（恥）なのです。そもそも質問に対する考え方が違うのです。
　やっかいな質問をすると、反抗的であるというレッテルを貼られてしまうし、あまり発言しすぎると、授業が中断されたとして疎（うと）んじられたりもします。日米の国民性の違いがここにもあらわれています。

語句注 ⋯⋯⋯⋯⋯⋯⋯⋯⋯⋯⋯⋯⋯⋯⋯⋯⋯⋯⋯⋯⋯⋯⋯⋯⋯⋯⋯⋯⋯⋯⋯
1. It doesn't hurt to *do*.「～しても損はない」　**2**. lose A for nothing「A を無駄に失う」　**3**. pay attention「注意を払う・関心をもって聞く」

5-17 「簡潔な説明」とは

　「うまく説明をしたいけれど、自分は口ベタだから無理」という人がいます。わかりやすく説明するには、筋トレと同じようにトレーニングが必要です。まずは、格言力をつけてみてはどうでしょうか。たとえば、「ものごとの順序を誤ってはいけない」ということを伝えたいときは、こういってみましょう。

📖 *Don't put the cart before the horse.*
　　馬の前に馬車をおくな。

　これを「本末転倒するな」と結びつけておけば、使い勝手がよくなるはずです。短い言葉でいいたいことを的確にあらわそうと思ったら、人口に膾炙(かいしゃ)されたことわざを披露すればよいのです。ここでは、そうした使用頻度の高い格言を2つご紹介しましょう。

📖 *It's a blessing in disguise.*[1]
　　それは仮面をかぶった祝福だ。

　「一見すると、災いや不幸が身に降りかかったように見えるが、見方を変えれば自分のためになるできごと」と解釈する言いまわしです。わたしたち日本人が「災い転じて福となす」といっている格言に近いものです。落ち込んでいる人を励ますときに用いられます。

📖 *Brevity is the soul of wit.*[2]
　　簡潔さこそが英知の真髄である。

　シェイクスピアは『ハムレット』(*Hamlet*) のなかでボローニアスにこういわせています。「言(げん)は簡(かん)を尊ぶ」のです。説明というものは、「わかりやすく」と「簡潔に」が要諦(ようてい)です。
　さて、「相対性理論」とはどういうものかと問われたら、あなた

はどのように説明するでしょうか。

📖 *When a man sits with a pretty girl for an hour, it seems like a minute. But let him sit on a hot stove for a minute—and it's longer than any hour.*

きれいな女性と一緒に座っていると、一時間が一分のように感じられる。でも、熱いストーブの上に一分間座ったら、何時間にも感じられるだろう。それが相対性原理だ。

—Albert Einstein (→ p.072)

わかりやすい説明の前提は「相手の立場になって話す」ことです。いま一度、発言者の名を見てください。アインシュタインは、一般の人に向けてはこれがわかりやすいと判断したのでしょうね。相手にどこまで理解させる必要があるかを考慮に入れた、見事な説明になっています。

📖 *When speaking directly to people, you need to adjust your manner, tone, and vocabulary accordingly.*[3]

面と向かって人と話すときは、自分のマナー、声のトーン、語彙などを使い分ける必要がある。

相手が誰なのか。それによって説明の言葉は変わってきます。

あなたがシステム・エンジニアで、技術説明をしなければならない場合、同僚と話す場合と素人に話す場合とでは、説明の言葉はおのずと違ってきます。いや、違わなければなりません。専門用語を使った「意を尽くした説明」と、比喩表現を用いた「わかった気にさせる説明」を使い分けるのです。

語句注

1. in disguise「変装した・変装して」 **2.** brevity「(表現の)簡潔さ」 accordingly「適切に・それ相応に」

5-18 「統計」は信じられるか

独裁者スターリンはこんな言葉を残しています。

📖 *A single death is a tragedy, a million deaths is a statistic.*[1]
   ひとりの死は悲劇だが、百万人の死は統計だ。

—Joseph Stalin（→ p.116）

これを聞いてすぐさま思いだすのは、映画『殺人狂時代』（*Monsieur Verdoux*）の、Wars, conflict, it's all business. One murder makes villain. Millions a hero. Numbers sanctify.（戦争や紛争、これらはすべてビジネスだ。一人殺せば悪人だが、百万人殺せば英雄だ。数は殺人を神聖なものにする）というチャップリン（Charles Chaplin）の有名なセリフです。

かたや"粛清"と称して多数の人間の命を奪った政治家のつぶやきであり、かたやそうした独裁政治のあり方を非難する映画人からの告発ですが、両者とも数字のもつ不思議な力を冷静に分析していて、興味をそそられます。

数字は恐ろしい。というか、人間が数字に対して抱くことのできる想像力はじつに貧困です。統計としての百万人の死は、身近なひとりの人間の死よりも悲劇ではないのです。

数字はあくまでも数字であって、内実すべてをあらわすものではありません。イチローがこんな言葉を残しています。

📖 *I cannot be satisfied with a number, because it may not reflect how I did.*
   ぼくは数字で満足することはありえません。なぜなら数字はぼくがやってきたことすべてを反映しているとは限らないからです。

—イチロー（鈴木一朗：1973-）プロ野球選手

統計にあらわれた数字をどう受けとめたらいいのでしょうか。

📖 *Statistics are like a bikini. What they reveal is suggestive, but what they conceal is vital.*[2]
統計はビキニのようなものだ。見せてくれる部分はあれこれ想像をたくましくさせるが、隠されているところこそ肝心である。
—Aaron Levenstein (アーロン・レーヴェンシュタイン: 1910-1986)
アメリカの経営学者

統計は、多くの場合、恣意的なものとして用いられます。
たとえば、Xという健康食品を販売したければ、企業はその商品に含まれる栄養成分を摂取する必要があるという統計だけを発表します。副作用については、「身体に異常を感じた場合は、飲用を中止してください」と小さな文字で記載するのみです。

📖 *Statistics show that you can't trust statistics.*
統計は信用できないという統計がある。

こんなふうにいってくれる統計学者がいないものでしょうか。
統計を鵜呑(ぅの)みにしていけないと警告している人がいます。

📖 *There are three kinds of lies: lies, damned lies, and statistics.*[3]
うそには3種類ある。うそ、大うそ、それから統計。
—Benjamin Disraeli (→ p.034)

いずれにしても、統計にはよくよく注意したほうがよさそうです。

語句注
1. statistic「(ひとつの) 統計値・(たんなる) データ」 **2**. statistics「統計・資料・(統計の) 数字」 suggestive「(性的に) 挑発的な」 vital「きわめて重要な」 **3**. damned「ひどい・とんでもない」

5-19 「２種類のタイプ」に分かれる人間

　日本人は分類を好み、レッテルを貼りたがります。自分自身を納得させることで、安心したいのでしょうね。とはいえ、これは英語国民も同じです。会話にもよくあらわれます。

📖 *People are either born hosts or born guests.*[1]
　　人は、生まれつき、もてなす人ともてなされる人に分かれる。
　　　　　　　　　　　—Max Beerbohm（マックス・ビアボーム: 1872-1956）
　　　　　　　　　　　　　　　　　　　　　　　　　イギリスの批評家

📖 *There are two kinds of men who never amount to much: those who cannot do what they are told, and those who can do nothing else.*[2]
　　成功しない人間には２種類ある。いわれたことができないタイプと、いわれたことしかできないタイプだ。
　　　　　　—Cyrus Hermann Kotzschmar Curtis（サイラス・カーティス:
　　　　　　　　　　　　　　　　1850-1933）アメリカの出版業者

　なんでも２種類に分けてしまう風潮に、次のようにからかう人もいます。

📖 *There are two types of people: those who divide people into two types and those who don't.*[3]
　　人は２種類のタイプに分類できる。人を２種類のタイプに分類する人と、しない人だ。

　なかには２種類ではあきたらず、３種類に分ける人もいます。

📖 *Middle aged people may be divided into three classes: those who are still young, those who have forgotten they were young, and those who were never young.*[4]

中年は次の3種類に分けられるだろう。まだまだ若い人、かつて若かった人、そして若かったことが一度もなかった人だ。

—Bertrand Dawson (バートランド・ドーソン: 1864-1945)
イギリスの王室医

こんなジョークもあります。

📖 *There are three rules for writing a novel. Unfortunately, no one knows what they are.*

小説を書くためのルールは三つある。残念ながら、誰もそれを知らない。

—Somerset Maugham (→ p.167)

「小説を書く」のところを「恋人と別れる」(leaving your lover)などに変えて使えば、ウケること間違いなしです。

もうひとつジョークを。

📖 *There are three types of people: those who can count and those who can't.*

3種類のタイプの人間がいる。数をかぞえられる人間と、数をかぞえられない人間だ。

語句注

1. either A or B「AかBかどちらか」 2. amount to much「大したものだ・重要な意味を持つ」 do what they are told (to do)「いわれたことをやる・指示されたことをやる」 3. divide A into B「AをBに分類する」 4. middle aged「中年の」 class「部類・種類」

5-20 「勝負」の世界

次のようにいうのは、日本人だけではありません。英語圏の人たちもよく口にします。

📖 *You win some, you lose some.*
　勝つこともあれば、負けることもあるさ。

📖 *You can't win them all.*[1]
　すべてに勝つなんて、できっこないよ。

負けた人や失敗した人をなぐさめる言葉です。スポーツだけでなく株で損をした人などにも使われます。
勝負ごとはとかく「結果」ばかりに目がいきがちですが、「過程」を重視する人もいます。

📖 *It's all about the journey, not the outcome.*[2]
　すべては過程であって、結果ではない。
　　　　　　—Carl Lewis（カール・ルイス: 1961-）アメリカの陸上競技選手

📖 *Nobody who ever gave his best regretted it.*[3]
　ベストを尽くしたことを後悔した人はひとりもいない。
　　　　　　—George Halas（ジョージ・ハラス: 1895-1983）
　　　　　　アメリカン・フットボール選手

しかし、プロのスポーツ選手はとことん「勝ち」にこだわります。

📖 *Competitions are to be won.*[4]
　勝負は勝たなくてはならない。

📖 *Winning isn't everything, but wanting to win is.*[5]

勝つことがすべてではない。勝ちたいと思う気持ちがすべてなのだ。

—Vince Lombardi (ヴィンス・ロンバルディ：1913-1970)
アメリカン・フットボールのコーチ

勝つための執念が、度を超してしまうこともあります。1981年のウィンブルドン大会で、ジョン・マッケンローは審判にこう悪態をつきました。

📖 *You are the pits of the world! Vultures! Trash!*[6]

てめえら、最低だよ。汚ねえ野郎だ！ クズ野郎！

—John McEnroe (ジョン・マッケンロー：1959-)
アメリカのプロテニス選手

プロボクサーは、リングの外でも相手を挑発します。モハメド・アリはこう吠えました。

📖 *Float like a butterfly, sting like a bee.*

蝶のように舞い、蜂のように刺す。

—Muhammad Ali (モハメド・アリ：1942-2016) アメリカのプロボクサー

こうした挑発もまた、「勝ち」を手に入れるための戦術なのです。

語句注

1. win them all「試合のすべてに勝つ」 **2**. It's all about A.「大切なのは A だ」 journey「道のり・過程」 outcome「結果・成果」 **3**. regret A「A を後悔する」 **4**. be to *do*「～すべきことになっている」 **5**. wanting to win「勝ちたいと望むこと」 **6**. the pits of the world「最低の人間」(the pits「最悪の人間」) vulture「強欲で残忍なやつ」 trash「ゴミ・人間のくず」

5-21 「スポーツ」を楽しむ

　「スポーツ」（sports）の語源は、日常の労働から離れた「余暇・余技」であり、基本的に"遊び"の要素を含んだものとして欧米では認識されています。

　日本に欧米文化のスポーツが入ってきたのは明治時代の文明開化のころですが、文明開化は「富国強兵」の一環でもありました。そこで、スポーツは身体の鍛錬、精神の修養に役立つものと考えられて、「猛練習」が大いに奨励されました。非科学的な「猛練習」は、多くの人たちの身体を酷使し、その損傷と悪影響についてはついぞ顧みられることがありませんでした。それは戦後になっても変わりませんでした。軍事教練の名残りは温存され、練習中の水分補給までも禁止されるなどして、「猛練習」はなおも推奨されました。

　長幼の序も過剰に重視されました。後輩は先輩の命令に反抗できず、従順になることを強要されました。「四年生は神様、三年生は天皇、二年生は平民、一年生は奴隷」なる"階級"があることを公言する大学の運動部もあったほどです。

　スポーツと体育はまったく違うものです。スポーツが人類の共通文化であるのに対し、体育は日本に特有の因習です。日本では、いまも「優勝劣敗」思想が前面に押しだされています。

　《スポーツは「勝敗」という結果を求めて「力」や「技」を競って闘い、それらが秀でている者が勝利を得る、というルールで、一見、暴力的な「優勝劣敗」という思想を主張しているように見えます。が、じつは、それは現実社会での出来事ではなく、ゲームのなかで遊びであるという事実において、現実社会における暴力（戦争）を否定する思想を展開しているのです。》

—『スポーツ解体新書』（玉木正之）

　欧米人は、スポーツは楽しんでやるものである、という認識をもっています。

📖 *Just play. Have fun. Enjoy the game.*
　プレーしてごらん。楽しくね。ゲームを楽しむんだ。
　　　　　　　　　　　　　　　—Michael Jordan (→ p.070)

　ジョーダンは"Enjoy the game."をつねに心がけていました。彼のようにプレーできればさぞ楽しいだろうよ、などというなかれ。どんなレヴェルであれ、楽しむことができるのがスポーツのよさです。大リーグで活躍した野茂英雄はこう述べています。

📖 *A professional makes money by making people happy. I want to enjoy the game, and I want to captivate and inspire the fans.*[1]
　お客さんに喜んでもらってお金を稼ぐのがプロ。自分も楽しくやって、見ている人を魅了して、夢を与えるようになりたい。
　　　　　　　　　　　—野茂英雄 (1968-) プロ野球選手

　野茂英雄が際立っているのは、その輝かしい実績のみにあるのではありません。「野球を楽しむ」ことをはっきりと公言したことにおいても野茂は傑出していました。これは従来の日本野球にはなかった発想で、スポーツと体育はそもそも違うものだということを日本人に気づかせてくれたのでした。大リーグ2年目のときは「去年以上に野球を楽しんでいます」との言葉を残しています。日本のプロ野球界には未練もないようで、いまは少年たちに野球の楽しさ、面白さを教えて過ごしていると聞きます。

語句注

1. make money「お金をかせぐ」 captivate A「Aの心をとらえる」 inspire A「Aに夢を与える」

5-22 揺らぐことのない「自信」

　　有名人のなかには、驚くような「自信家」がいます。自分を偉大
だと思って寸分も疑いがないようです。

　　モハメド・アリは、ローマ・オリンピックで金メダルを獲得した
とき、こんなふうに吠えました。

📖 *I'm the greatest.*
　　俺こそもっとも偉大だ。

— Muhammad Ali (→ p.183)

　　多くの人がこれを認め、その後、アリはことあるごとにこのフレ
ーズを口にしました。旅客機でシートベルトの着用を勧める乗務員
には、Superman don't need no belt.（スーパーマンにシートベル
トはいらない）と返答したことがあります。すると、キャビンアテ
ンダントは Superman don't need no airplane, either.（スーパーマ
ンは飛行機もいらないはずでは）と切り返したというから愉快です
（口語では、"doesn't" とすべきところを "don't" で代用することも
あります）。

　　ソウル・シンガーのジェイムズ・ブラウン (JB) もまた「超」が
つくほどの自信家でした。「ショービジネス界でいちばんの働き者」
「ミスター・ダイナマイト」「ファンキー・プレジデント」などの異
名をもち、そのエネルギッシュなパフォーマンスとシャウトはい
まも語り草になっています。

📖 *Say it loud. — I'm Black and I'm proud.*
　　大声でいえよ、黒人であることを誇りに思っているって。

— James Brown（ジェイムズ・ブラウン: 1933-2006）
アメリカのミュージシャン

　　JB は黒人たちの希望の星でした。マーティン・ルーサー・キン

グ牧師 (→p.112) が亡くなって以後は、黒人民衆の精神的リーダーだという自覚もありました。しかし、社会規範から逸脱することも多く、無許可の銃器や違法の鎮静剤の所持などで、わずか10か月のあいだに5回も逮捕されました。有罪判決を受けて服役した経験もあります。出獄したときは、心境を聞かれて、「アイ・フィール・グッド」(最高だぜ) と叫びました (〔I Got You (I Feel Good)〕は自身のヒット曲)。

　わが勝新太郎も負けてはいません。『座頭市』シリーズや『兵隊やくざ』シリーズを観ればわかるとおり、勝新は名優中の名優です。問題は、本人がそれを自覚しすぎていたことです。

📖 *There are plenty of people who could be president or prime minister, but there's no one who could replace me.*[1]
大統領や総理大臣には代わりがいるだろうが、俺の代わりはいないんだ。

—勝新太郎 (1931-1997) 俳優

　たしかに、そう思わせるところがありました。画面に引き込む力がなにしろ圧倒的なのです。

　勝新はまた、非常識がつねに愛敬と結びつき、愛敬が間違いなく非常識になるという特異の人でもありました。トボける。ダダをこねる。ひらきなおる。すかす。なにをやっても愛敬があり、また非常識でした。大麻所持で逮捕されたときでさえ、この愛敬と非常識はやむことはありませんでした。「知らぬうちに (大麻が) パンツのなかに入っていた」と真顔で不思議がるのでした。

　謝罪と反省は、妻・中村玉緒に一任されます。この、勝新が悪さをして、玉緒が謝るという連鎖はとどまることを知らないかのようでした (ちなみに、ナンシー関はこの連鎖を「永久運動」であるとまで評しました)。

語句注

1. plenty of A「たくさんの A」 replace A「A にとって代わる」

Float like a butterfly, sting like a bee.

第**6**章　「知恵」の精髄

6-1 「風刺精神」の健全

マーク・トウェインは非凡な作家でした。誰もそれまでにやったことのない書き方で人びとを楽しませ、弱い者を擁護し、当時の作家としてはめずらしく奴隷制や人種差別を公然と非難しました。

📖 *Kindness is a language which the deaf can hear and the blind can see.*
やさしさとは、耳の聞こえない者でも聞くことができ、目の見えない者も見ることができる言葉なんだ。

—Mark Twain (→ p.035)

文体やストーリーテリングも斬新でした。淡々と物語をすすめていたかと思うと、絶妙のタイミングで急カーブを切り、それまでとはまったく違う展開をくりひろげるのでした。

発想も奇抜でした。きびきびとしたユーモアは、人を笑わせながら、同時に人生の皮肉を描きだしました。その文学的風貌は、無邪気ないたずら小僧の仮面をかぶった、ポーカーの勝ち方をぼそっと教えてくれる老人のようです。

📖 *Man is the only animal that blushes. Or needs to.*
人間は赤面する唯一の動物である。いや、赤面せざるをえない、かな。

📖 *Life would be infinitely happier if we could only be born at the age of eighty and gradually approach eighteen.*[1]
もし80歳に生まれて、だんだん18歳に向かうというのであれば、人生はこのうえなく楽しいことだろう。

かつてアーネスト・ヘミングウェイ (→ p.121) は、「アメリカ文学は一冊の本から生まれた。マーク・トウェインの『ハックルベリー・

フィン』だ」と最大級の讃辞を送ったことがありますが、じつはトウェインの評価が高まるのは亡くなったあとの1920年ごろです。生前、トウェインの評価がさほど高くなかったのは、東部ニューイングランドが文学の中心だったからです。とりわけボストンあたりでは、ヨーロッパの影響が強く、国内にいる逸材に目を向けようとしませんでした。ヘミングウェイは、代表的アメリカはすぐそこにいるのに、といいたかったのに違いありません。

　西部出身のトウェインは、伝法なもの言いで、したたかな大らかさを披露しましたが、その影響力は小さいものではありませんでした。じっさいトウェインにインスパイアされて、ユーモア作家のジェイムズ・サーバーやコメディアンのリチャード・プライヤーらが生まれたし、日本でも有島武郎や佐々木邦らが活躍しています。

　トウェインは『ハックルベリー・フィン』と『ミシシッピの生活』などの傑作を残していますが、トウェインをタイムレスな存在にしているのは、そのウィットに富んだ風刺精神にあります。

　📖 *Principles have no real force except when one is well fed.*
　　腹を満たしてくれなければ、どんな主義主張も効力を持ちえない。

　笑いの賞味期限は、たいてい作者が亡くなる前か、亡くなると同時に切れてしまいますが、トウェインのユーモアはいまも不思議なくらい新鮮です。それは彼の風刺精神が普遍的な要素をもっているからでしょう。

　📖 *Make money and the whole world will conspire to call you a gentleman.*[2]
　　お金持ちになってごらんなさい。誰もが申し合わせたように、あなたをジェントルマンと呼んでくれますよ。

語句注
1. infinitely「大いに・限りなく」（比較級を強調）　gradually「だんだんと・徐々に」　**2**. conspire to *do*「（種々の状況などが）重なり合って～する」

6-2 「ユーモア」という品格

　欧米では、恋人や伴侶を選ぶ際、ユーモアのセンスがあるかどうかをことのほか重視します。じっさい、未婚女性たちは、結婚条件のトップランクに「ユーモアのセンスがあること」をあげています。交際相手から「あなたはユーモアのセンスがまったくない」(You don't have a sense of humor whatever.) といわれたら、二人に未来はないと思って間違いありません。

　ユーモアとは何か。

　それは、人をなごませる上品なおかしみのことです。ジョークとユーモアは似ていますが、下品なジョークはあっても、下品なユーモアはありません。それは、ユーモアが高い知性と気高い品格の証しだからです。

📖 *Humor is falling downstairs if you do it while in the act of warning your wife not to.*[1]
　ユーモアとは、妻に階段から落ちないように言いつつ、自分が階段から落ちてしまうこと。
　　　　　　　—Kenneth Bird (ケネス・バード: 1887-1965) イギリスの漫画家

　見事な定義です。

　ユーモアが教養や品性を感じさせるのは、自分を貶(おと)めて笑いの対象とするという、相手に対する気づかいがあるからです。

　「ミステリーの女王」とうたわれたアガサ・クリスティは、再婚した際、「なぜ考古学者と？」という質問に、次のように答えています。

📖 *An archeologist is the best husband any woman can have;*
the older she gets, the more interested he is in her.[2]

考古学者は、どんな女性にとっても最高の夫ですわ。妻が古くなればなるほど、興味をもってくれますもの。

—Agatha Christie（アガサ・クリスティ: 1890-1976）
イギリスの推理作家

ユーモアのセンスが際立っています。

面倒くさいことを好む人などいませんが、アガサは面倒なことが人一倍嫌いだったようです。こんな卓見も披露しています。

📖 *I don't think necessity is the mother of invention — invention,*
in my opinion, arises directly from idleness, possibly also
from laziness. To save oneself trouble.[3]

私は「必要は発明の母」だとは思いません。思うに、発明はもとはといえば「横着な気持ち」、いわば「怠惰」みたいなものから生まれるものではないでしょうか。面倒くさいことを避けるためにね。

Necessity is the mother of invention.（必要は発明の母）は17世紀中葉に用いられるようになった格言で、ジョナサン・スウィフト（→ p.136）の『ガリヴァー旅行記』にも見ることができますが、アガサは「怠惰こそが発明の母」だというのです。なるほど、考えてみればこちらのほうが説得力があります。これもユーモア精神が生みだした名言といえましょう。

語句注

1. in the act of 〜ing「〜している最中に」 warn A not to *do*「〜しないように警告する」 **2**. archeologist「考古学者」 **3**. arise from A「A から生じる」 idleness「無為・何もしないでいる状態」 laziness「怠惰」 save A trouble「Aの手間を省く」

6-3 「フォレスト・ガンプ」の知恵

　アカデミー賞作品賞をとった『フォレスト・ガンプ／一期一会』
(*Forrest Gump*：1994年公開のアメリカ映画：原作者はウィンス
トン・グルーム) は、いまも世界じゅうの人たちに愛されています
(主演はトム・ハンクス)。「頭が悪いこと」と「適切な判断ができな
いということ」は天地の開きがあるということを教えて人びとの心
を打ちました。

　タイトルのフォレスト・ガンプは主人公の名前です。「フォレス
ト」(Forrest) は白人至上主義団体であるクー・クラックス・クラ
ン (KKK) の結成に尽力したネイサン・フォレストからとられ、「ガ
ンプ」(Gump) は「うすのろ・間抜け」を意味するアラバマ州の方
言から借用されています。

　『フォレスト・ガンプ』は名句・訓戒の宝庫です。そんなことも
あって、フォレスト・ガンプの知恵ある言葉をあつめた箴言集も出
版されて話題になりました。

　"バカ"を自認するフォレストが、頭のいい醜い人をからかう名
句を見てみましょう。

📖 *Some people, like me, are born idiots, but many more become stupider as they go along.*[1]
　ぼくのように生れつきのバカも少しはいるけど、もっとたくさ
んの人が生まれたあとでちょっとずつ間抜けになっていく。

📖 *Never get into fights with ugly people because they have nothing to lose.*[2]
　醜い人とケンカをしてはいけない。彼らは失うものが何もない
のだから。

「人生」についての定義は、作中もっとも有名なセリフとなって、人びとの記憶に残るものとなりました。

📖 *Life is like a box of chocolate. You never know what you're gonna get.*[3]

人生はチョコレートの箱のようなもの。開けてみるまで、中身はわからない。

次のような人生観も披露しています。

📖 *Learn the infield fly rule: this will give you a good perspective on life.*[4]

インフィールド・フライという野球の規則をべんきょうしなさい。この規則は人生がどんなものかをうまく教えてくれる。

ユーモアもふんだんにちりばめられています。筆者が声をあげて笑ったのは次のセリフです。

📖 *Coach Bear Bryant was always fair. He treated every one of us like trash.*[5]

（大学で）"クマ"と呼ばれていたコーチのブライアントさんは、どんなときでも差別しない人だった。チーム全員を、平等にゴミ扱いしていた。

語句注

1. idiot「間抜け・大バカ」 stupid「バカな・愚かな」 as S go along「生きていくうちに・やっていくうちに」 **2.** get into fights「ケンカをする」 ugly「醜い」 **3.** gonna ＝ going to **4.** a good perspective on life「人生に関するすぐれた見解」 **5.** every one of us「わたしたち一人ひとり」 treat A like B「BのようにAを扱う」 trash「ゴミ・くず」

6-4 愉快な「ことわざ」

英語のネイティヴ・スピーカーと話していてとまどうのは、それがことわざのパロディであったときです。

たとえば、お金の授受に際して、次のようにいったりします。

📖 *Easy come, easy go.*
　　悪銭身につかず。

「簡単に手に入ったのだから、簡単に去っていってもしょうがない」というわけです。このことわざをもじって、Easy go, easy come.（簡単に失ったものは、簡単に手に入る）ということもあるのですが、もとの格言を知らなければ、どこが面白いのかまったくわかりません。ここでは、そんなことわざのパロディをいくつかご紹介しましょう。

📖 *One man's trash is another man's treasure.*[1]
　　ある人のゴミは別の人の宝もの。

これは One man's meat is another man's poison.（ある人の食べ物が別の人には毒になる（meat = food））という格言のパロディです。そのほか、One man's joke is another man's snooze.（ある人のジョークは別の人の退屈きわまりないもの）、One man's ceiling is another man's floor.（ある人の天井は別の人の床）、One man's error is another man's data.（ある人のミスは別の人のデータになる）などのもじりもあります。

📖 *Never do today what you can put off until tomorrow.*[2]
　　明日まで延ばせることは今日するな。

Never put off till tomorrow what you can do today.（今日できることを明日まで延ばすな）ということわざが下敷きなっています。

『風とともに去りぬ』のスカーレット・オハラ（→p.024）の言葉にも I'll think about it tomorrow. （それについては明日考えることにするわ）というのがありますが、このことわざを想起させるものとなっています。

📖 *Seeing is deceiving.*[3]
見ることはだますこと。

「自分の目で見たという証拠があると、真実として受け入れることができる」という意味の Seeing is believing. （百聞は一見にしかず）がもとの格言です。この変形は Teaching is cheating. （教えることはだますこと）など、数多くあります。

📖 *Where there's no patrol car, there is no speed limit.*
パトカーがいないところに速度制限はなし。

Where there's a will, there is a way. （意志のあるところに道は開ける）と、「火のないところに煙は立たない」にあたる Where there's smoke, there's fire. （煙のあるところには火がある）が下敷きになっています。タバコ好きな日本人に向かって、Where there's smoke, there's a Japanese. （煙のあるところに日本人がいる）とからかうアメリカ人もいます。

📖 *All is not fair in love and business.*[4]
恋をしているからといって、またビジネスだからといって、なにをしてもいいというわけではない。

「どんな常識はずれの卑劣な行為も、恋と戦争ではゆるされる」という意味をもつ All's fair in love and war. （恋と戦においては、すべてが正当化される）という古いことわざのパロディです。

語句注
1. treasure「宝もの・財宝」　2. put A off「A を延期する」　3. deceive「あざむく・だます」　4. fair「公正な・妥当な」

6-5 「マザーグース」はささやく

「金太郎」と聞いて、何を連想するでしょうか。まさかりを担(か)いだ丸々と太った少年。熊と相撲をとる赤い顔をした健康そうな男の子……たいていこのようなものでしょう。

では、「どんぶらこ」と聞いて、何を想像するでしょうか。川上から流れてくる大きな桃。桃太郎。川で洗濯をしているおばあさん……日本で生まれ育った人ならば、ふつうこのようなものを連想するでしょう。

英米人にとって、この「金太郎」や「どんぶらこ」にあたるものがマザーグース（Mother Goose Rhymes / Nursery Rhymes）です。遊び歌、数え歌、子守歌、早口言葉、物語詩、ナンセンス詩、なぞなぞ、格言などをもつ伝承童謡（その数800以上といわれている）で、英語圏の子どもたちは読んだり歌ったりして、小さなうちから親しんでいます。とくに英米人はマザーグースで英語の語感やリズムを身につけるというから、マザーグースは英語という言語の土壌であり栄養素であるともいえます。

数年前のことですが、アメリカ共和党政府の要人3人が、次の大統領選挙の地ならしにオレゴン州を訪れ、現実とはかけ離れたバラ色の将来を描いてみせたとき、民主党議員が、

📖 *They're like the three blind mice.*[1]
　やつらは3匹の盲目のねずみだ。

と冷ややかに述べました。英語圏の人なら、"three blind mice"がマザーグースに由来していることを即座に理解したにちがいありません。もとは、Three blind mice, see how they run! (目が見えない3匹のねずみ、その走りっぷりを見ろよ！) で始まる輪唱歌で、"three blind mice"といえば、「わけもわからずにただ走りまわっ

ているだけの3人組」であり、混乱しているだけの3人を揶揄（ゃゅ）する常套句となっています。

"See how they run!"のところもよく引用されます。ビートルズの〔レディ・マドンナ〕(*Lady Madonna*) の歌詞にも見ることができます。

マザーグースは映画や小説のタイトルにもなっています。マリリン・モンロー主演の『お熱いのがお好き』(*Some Like It Hot*)、アガサ・クリスティの『そして誰もいなくなった』(*And Then There Were None*)、ジャック・ニコルスン主演の『カッコーの巣の上で』(*One Flew Over the Cuckoo's Nest*) などがそうです。

セリフのなかに引用された映画ということになれば、『風と共に去りぬ』、『マイ・フェア・レディ』(*My Fair Lady*)、『奇跡の人』(*The Miracle Worker*)、『ピアノ・レッスン』(*The Piano*)、『パルプ・フィクション』(*Pulp Fiction*)、『ダイ・ハード3』(*Die Hard: With a Vengeance*) など、枚挙にいとまがありません。

また、新聞の見出しや本のタイトルにもマザーグースを下敷きにしたもじり (take-off) を散見できます。

ニクソン大統領がウォーターゲート事件を起こしたことを克明に描いた大ベストセラーの原題は *All the President's Men* (邦題『大統領の陰謀』) でしたが、あれもハンプティ・ダンプティ (Humpty Dumpty) が登場する "All the King's Men" というマザーグースのもじりです。

ハンプティ・ダンプティといえば、「塀から落ちたタマゴ」や「丸まると太った人」を思い浮べ、同時に「取り返しのつかない一大事が起きた。もうもとへは戻せない」ことをイメージすることから、「ニクソンの側近たちが必死になってもみ消し工作をしたところで、塀から落っこちたニクソンをもうもとへは戻せない」という意味までアメリカ人は感じとったのです。

語句注

1. mice は mouse の複数形。

6-6 心に宿る「シェイクスピア」

最近、アメリカの TV ニュース番組で、次に掲げる二つの英文を耳にしました。これらの共通点は何でしょうか。

📖 ① *All's well that ends well.*[1]
　　終わりよければすべてよし。

📖 ② *Brevity is the soul of wit.*[2]
　　簡潔こそ機知の精髄である。

ご明察。そう、いずれもウィリアム・シェイクスピア（William Shakespeare: 1564-1616）による箴言です。①は『終わりよければすべてよし』、②は『ハムレット』からの引用です。

以前、BBC のラジオで、ゲストに「無人島に流れ着いたとして、どの本を持っていきたいか」とたずねる番組がありました。「ただし、聖書とシェイクスピア全集は除く」という条件つきです。いかにもイギリスらしいですね。シェイクスピアはいまもなにかと引き合いにだされる人気者なのです。

英語という言語にもっとも影響を及ぼした作家は、おそらく"The Bard"こと、シェイクスピアでしょう（bard は「詩人・文人」をあらわします）。彼の残した名文句と知恵は、いまなお英語国民の大切な教養の一部です。また、年輪を重ね、多くの心情を通過してきただけあって、現代日本に生きるわたしたちにも強く訴えかけるものがあります。

シェイクスピアが後世の人々に残した遺産は37篇の劇作品ですが、ここでは有名なフレーズをいくつか紹介しましょう。

📖 *All the world's a stage.*
　　この世の中は芝居の舞台のようなものである。

―『お気に召すまま』(*As You Like It*) でもっとも有名なセリフ

📖 *Time travels in diverse paces with diverse persons.*[3]
時はそれぞれの人によってそれぞれの速さで歩むものです。

―『お気に召すまま』

📖 *Et tu, Brute!* [4]
ブルータス、お前もか！

―『ジュリアス・シーザー』(*The Tragedy of Julius Caesar*)

📖 *The world is my oyster.*
何もかも自分の思いのままになる。

―『ウィンザーの陽気な女房たち』(*The Merry Wives of Windsor*)

　一文たりとも貸さないというフォルスタッフに、ピストルは「なあに、この世は貝 (oyster) のようなもの。刀にかけても、こじ開けてみせよう」と言い放つ。現代では、"my" を "your" にして、The world is your oyster. (この世の中はあなたの思いどおりよ) ということも多いようです。

📖 *To be, or not to be: that is the question.*
生きるべきか、死ぬべきか、それが問題だ。

―『ハムレット』

To drink, or not to drink: that is the question. (飲むべきか飲まざるべきか、それが問題だ) や、TV, or not TV: that is the question. (TV を見るべきか見ざるべきか、それが問題だ) など、もじりもたくさんあります。

語句注

1. "that" は関係代名詞。先行詞は "All"。**2.** brevity「(表現の) 簡潔さ」　**3**. travel「(時が) すすむ」　diverse「さまざまな・多様な」　**4**. Et tu, Brute! は、And you, Brutus! の意味をもつラテン語で〔エトトゥブルーテ〕と発音する。友人だと思っていた相手に裏切られたときに用いる。

6-7 「聖書」は名言の宝庫

　世界でもっとも有名で、もっとも版を重ねた本が聖書です。

　多くの言語に翻訳され、印刷技術が発明されて以来、こんにちまで約2000の言語で翻訳されてきたといわれています。

　いうまでもなく、聖書 (the Bible) はキリスト教徒の聖典で、旧約 (the Old Testament) と新約 (the New Testament) の二つから成っています。ちなみに、この「約」というのは、神と人との「契約」を意味しています。

　神はアブラハムやモーゼといった預言者をつうじて、ユダヤ民族と契約を結びました。ユダヤ民族が神の教えを守れば、神はユダヤ民族を守ってくれるというもの、これが「旧約」、すなわち旧 (ふる) い契約です。

　しかし、時を経て、イエス・キリスト (Jesus Christ) が出現すると、神は人間と新たな契約を結ぶことになります。イエスの言葉にしたがい、その十字架の死による贖罪 (しょくざい) と、のちの復活を信じれば、すべての人間は救済されるというのです。この契約を「新約」と呼んでいます。

　旧約聖書はユダヤ教の教典ですが、キリスト教徒がなぜこの旧約聖書をも自分たちの教典に加えたかというと、新約を歴史的および思想的に理解するにはどうしても旧約が必要だったからです。

　欧米諸国を眺めるときに忘れてはならないのは、それらがクリスチャンの国であり、行動規範や倫理観が聖書の記述によって形づくられているという揺るがせない事実です。

　ここでは、聖書に由来する名言名句を紹介しましょう。

📖 *Love your neighbor as (you love) yourself.*[1]
　　自分自身のように隣人を愛しなさい。

旧約「レビ記」19章18節から。「仕返しをしてはならない。自分の民の人びとに恨みを抱いてはいけない」に続く文句です。

📖 *Spare the rod and spoil the child.*[2]
　かわいい子には旅をさせよ。

旧約「箴言」13章24節から。「ムチを惜しめば、子どもはだめになる」、すなわち「子どもを甘やかしてはならない」の意味で用いられます。

📖 *Knowledge is power.*
　知は力なり。

旧約「箴言」24章5節から。「知恵ある者は強く、知識ある者はさらに力を増す」とあります。

📖 *Do unto others as you would have them do unto you.*[3]
　人からされたいと思うことを、人にしてあげなさい。

新約「マタイによる福音書」7章12節より。黄金律（the Golden Rule）として知られる有名な言葉です。論語では「己れの欲せざるところ、人に施すことなかれ」と教えています。

📖 *It is better to give than to receive.*
📖 *It is more blessed to give than to receive.*[4]
　受けるより与えるほうが幸いである。

新約「使徒言行録」20章35節より。イエスの言葉です。

語句注

1. as「〜のように」（接続詞）　**2.** spare A「A を出し惜しむ」　rod「ムチ」spoil A「A を（甘やかして）だめにする」　**3.** unto は to の古い形。**4.** be blessed「恵みがある・祝福される」

6-8 引用される「旧約聖書」

英語文化は「引用の文化」です。

あらたまったスピーチでは、有名な詩や戯曲から引かれることがひじょうに多いのです。これは先人たちの知恵に対する敬意のあらわれです。なかでもその最たるものは聖書でしょう。聖書のなかで語られている数々の名句は人びとの脳裡にあり、それが文学、演劇、映画、音楽に引用されることは驚くほど頻繁です。

ここでは旧約聖書の言葉を紹介しましょう。

📖 *the Garden of Eden* 「エデンの園」

アダム（Adam）とイヴ（Eve）が暮らしていた楽園。転じて、「(地上最後の) 楽園・楽土・極楽 (状態)」を指します。

📖 *the forbidden fruit* 「禁断の果実」

アダムとイヴが神から食べることを禁止されていた知恵の木の実。「不義の快楽・誘惑」の意味で用いられます。

📖 *East of Eden* 「エデンの東」

カインが弟のアベルを殺したあとに追放された場所。転じて、「追放先・流刑地」をあらわします。

📖 *scapegoat* 「スケイプゴート・贖罪の山羊」

人間の代わりに罪をかぶり荒野に放たれた山羊。転じて「他人の代わりに罪を背負う人」を指すようになりました。

📖 *the Ten Commandments* 「十戒」

エジプトを出た預言者モーゼが、シナイ山で神から授かった十の戒め。「守らなくてはならない大切な約束・ひじょうに重要な決ま

り」の意味で用いられます。

📖 *Noah's ark* 「ノアの箱舟」

神が人類の堕落を怒り、大洪水を起こしたとき、正しい人であったノア（Noah）だけが、神に命じられてつくった箱舟（ark）で、家族や動物と共に避難し、そのために人類は絶滅を免れました。「安全な避難所」の意味で使われます。

📖 *an olive branch* 「オリーブの枝」

「平和の到来・和解の申し出」の比喩表現です。Noah's ark から放った鳩がくわえてきたのがオリーブの若葉で、「鳩は夕方になって彼のもとに帰ってきた。見ると、そのくちばしにはオリーブの若葉があり、そのときノアは地から水が引いたのを知った」との記述があります。

📖 *Babylon* 「バビロン」

旧約聖書にでてくる滅亡した都市。「栄華と豪奢の都市・悪の都」の意味で用いられます。

📖 *an evildoer* 「悪をおこなう者」

ヨブ記に、God will not cast away the blameless. Nor will He uphold the evildoers.（神は全き人を捨てられない。また悪をおこなう者の手を支持されない）とあります。転じて「やくざ国家・ならず者の国」となりました。axis of evil（悪の枢軸）と並んで、アメリカが気に入らない国を非難するときによく使う言葉です。

📖 *a [the] fly in the ointment* 「軟膏（なんこう）のなかのハエ」

「伝道の書」のなかの言葉です。「死んだハエは、香料をつくる者のあぶらを臭くし、少しの愚痴は智恵と誉れよりも重い」と記されています。「玉にキズ・価値を損なうもの・興醒め・ぶちこわし」の意味で用いられます。

6-9 引用される「新約聖書」

ここでは新約聖書の言葉を紹介しましょう。

📖 *Men shall not live by bread alone.*
「人はパンだけで生きるものではない」

空腹のイエスに、サタンは「もしあなたが神の子であるなら、これらの石がパンになるように命じなさい」といいました。しかし、イエスはサタンの挑発にはのらず、「人はパンだけで生きるものではなく、神の口からでるひとつひとつの言葉で生きるものである」と応じて、真理と平安で満たされている神の言葉を精神のパンとして生きることを明らかにします。「人間は物や金だけで動くと思ったら大間違いだ」という意味で用いられます。

📖 *a good Samaritan* 「善きサマリア人」

ある人がエリコへ行く途中、追はぎに会い、服を取られたうえに殴られて動けなくなってしまいました。そこへ通りかかった祭司らは見て見ぬふりをしましたが、サマリア人はその人を手厚く介抱してあげました。転じて、「困っている人に手をさしのべてあげられる人・善意の人」の意味で用いられるようになりました。

📖 *The scales fell from his eyes.*
「彼の目から鱗 (うろこ) が落ちた」

「彼」とはサウロ (使徒パウロのもとの名) のことです。三日のあいだ目が見えなかったのですが、イエスに仕えるアナニアに会ったとたん、目から鱗が落ちて視力が戻り、キリスト教に改宗したのです。「迷いから覚める」とか「誤りを悟る」の意味で比喩的に用いられます。

🔖 *the salt of the earth* 「地の塩」

　自分に従ってきた人びとに向かってイエスは、You are the salt of the earth.（あなたがたは地の塩である）といいました。「地の塩」とは、役に立たなくなって地に捨てられる塩ではなく、地を生かす塩のことで、イエスを信じる人は、社会を住みよい場所に変える責務があるという意味で用いられています。転じて「世人の鏡・社会の指導者」の意味をもつようになりました。

🔖 *Judas* 「ユダ」

　イエスを裏切った使徒の名。背いた理由は、金ほしさ（銀貨30枚）のためだとか、他の弟子を自分よりもかわいがったからだといわれています。「裏切り者」の意味で用いられます。

🔖 *a stray sheep* 「迷える小羊」

　ある人に100匹の羊があり、そのなかの一匹が迷いでたら、99匹を残して、その迷いでている羊を捜しに出かけ、それを見つけたなら、迷わないでいる99匹のためよりも、むしろその一匹のために喜ぶであろう、とイエスはいいました。迷いでた羊とはつまり、罪を犯した人間のことを比喩的にいっているのです。「迷える小羊」は、「悩みを抱えた人」の意味で用いられるようになりました。

🔖 *walk on water* 「水の上を歩く」

　キリストは、舟に乗った弟子たちを追って、ガラリア湖を歩いて渡りました。つまり、水上歩行をしたのです。転じて、walk on water は「不可能と思われることをおこなう」の意味で用いられます。

6-10 「自然」と「歌人」

鴨長明は『方丈記』のなかで、若いころに京都で体験した災害の様子を記しています。大火事、突風、福原遷都（1180年）、飢饉、大地震……。

長明の生きた時代は『平家物語』にあるような戦乱の時代でした。しかも、下賀茂神社の禰宜（ねぎ）（神職）の家に生まれるも、約束されていた跡継ぎの道も閉ざされるという辛酸もなめています。

こうした運命にあった長明は、老年にさしかかると出家し（50歳）、山奥の小さな庵（いお）に身を寄せ、世の「無常」（impermanence：はかなさ）を書きつけるのでした。

📖 *The current of the flowing river does not cease, and yet the water is not the same water as before. The foam that floats on stagnant pools, now vanishing, now forming, never stays the same for long. So, too, it is with the people and dwellings of the world.*[1]

ゆく河の流れは絶えずして、しかももとの水にあらず。よどみに浮かぶうたかたは、かつ消え、かつ結びて、久しくとどまりたるためしなし。世の中にある人と栖（すみか）と、またかくのごとし。

—鴨長明（1155?-1216）歌人
英訳：Anthony H. Chambers

日本人は古来より、自然のなかに美やはかなさを見いだし、それを愛でることで、心の平安を感じていたようです。

小さな言葉で、豊かな情景を表現するのが俳句（Haiku）です。「世界一短い詩」ともいわれています。

The ancient pond
A frog leaps in
The sound of the water

古池や
蛙（かわず）飛（と）こむ
水の音

—松尾芭蕉（1644-1694）俳諧師
英訳：Donald Keene

　いわずと知れた芭蕉の句です。

　この有名な句は、「古池や」と切字を使って詠みだされています。それは長く続いた冬の象徴でしょう。そこに蛙がぽちゃんと飛び込んで春を告げる。すると、その音に感応して生命たちが芽吹き始める——と筆者は勝手に解釈していますが、俳句のよさは、季節の情緒を取り込む（花鳥諷詠）ものの、自分の思いを言い尽くさないところ（客観写生）にあります。

　俳句には季語があります。日本人は、西洋人のように自然を征服すべき対象とはみなしません。人間は自然とともにあるというのが日本人の考え方です。そして、それが俳句という表現形式にあらわれています。

　名句を概観すると、いかに日本人が自然に親しんで暮らしてきたかがよくわかります。和歌（勅撰集）も季節を重要なテーマにしており、わが国最古の歌集である『万葉集』にものちに季語となる代表的な風物がすでに登場しています。

語句注

1. cease「やむ・終わる」　and yet「それでも、それにもかかわらず」 stagnant「よどんだ・流れの悪い」　So it is with A.「そのことはAにあてはまる」　dwelling「住居・住まい」

6-11 近代日本の「先賢」

　新渡戸稲造の『武士道』、岡倉天心の『茶の本』と並んで、日本人の精神性を世界に向けて発信した名著に内村鑑三の『代表的日本人』(*Representative Men of Japan*：原文は英語) があります。内村はそこで、西郷隆盛、上杉鷹山、二宮尊徳、中江藤樹、日蓮の五人の生涯を取りあげていますが、この本のほんとうの主人公は、五人の傑物ではなく、彼らを超えたものの存在、すなわち「天」(Heaven) です。

　最初の章で、内村が選んだのは西郷隆盛です。内村が着目するのは、無私になって「天」に導かれる西郷の姿です。

📖 *Because heaven loves me and others equally, I will love others just as I love myself.*[1]

　天は人も我も同一に愛したまうゆえ、我を愛する心を以 (もっ) て人を愛するなり。

——西郷隆盛 (1828-1877) 武士・政治家

　勝海舟は『氷川清和』のなかで、「おれは、今までに天下で恐ろしいものを二人見た。それは横井小楠と西郷南洲 (隆盛) だ」と述べています。海舟は胆識と誠意をもって難事にあたる西郷に瞠目したのでした。

　西郷隆盛は「敬天愛人」(Revere Heaven; love people) を奉じていました。「敬天愛人」とは天を敬い人を愛することの謂 (いい) いです。内村は「敬天愛人」こそが西郷の人生観を要約していると述べ、他人のために自分を捧げる行為をくりかえす西郷は「天」に導かれていたのだと解釈したのでした。そして、こうした人生の道行きを、みずから選びとった日本人がいるのだということを世界に知らしめたのです。

　その西郷隆盛の真価を見抜いていたのは福沢諭吉です。諭吉は「西郷は天下の人物なり」と記して官軍による西郷批判を嗤 (わら) っています。諭吉は「人間交際」（社会）と国家を大きな視野でとらえて「門閥は親の敵で御座る」と言い放ち、「徳は智に依り、智は徳に依る」と述べて、徳義と知恵、それぞれの重要性を力説しました。

📖 *It is said that heaven does not create one man above or below another man.*[2]

天は人の上に人を造らず、人の下に人を造らずと云えり。

— 福沢諭吉（1834-1901）幕末から明治にかけての啓蒙家

英訳: David Dilworth and Umeyo Hirano

　有名な一文です。「と云えり」と結ばれているように、これはアメリカ合衆国独立宣言の all men are created equal（すべての人間は、生まれながらにして平等である）を意訳して引用したといわれています。諭吉は、この文句の数行あとで、人に賢愚、貧富、貴賎の差があるのは、「学ぶと学ばざるとに由て出来るものなり」と述べています。

　諭吉は『学問のすゝめ』のなかで、人間は平等であり、平等であるからには、自分自身で考え、自分で行動できなければいけない、と説いています。諭吉はそれを「独立」と呼び、身につけるべき教養や技術を「学問」と捉えて、それを広く「すゝめ」たのです。つまり、一人ひとりが独立することで、日本は一人前の国家になれるのだ、と構想したのです。

　西郷隆盛と福沢諭吉はともに、日本の将来に大きな可能性があることを国民に予感させた稀有 (けう) の啓蒙家であり、卓越した教育者でもありました。

語句注

1. just as 〜「ちょうど〜と同じように・〜のとおりに」　**2.** It is said that …「…… であるといわれている」

Brevity is the soul of wit.

人名索引

本文中で引用された名言の作者を収録してあります。

● 外 国 ●

● 日　本 ●

参考文献

- *The Funniest Quotations to Brighten Every Day*（Team Golfwell and Bruce Miller J. D., 2019）
- *The Ultimate Book of Famous Quotations*（Charles Kyriakou, 2017）
- *Oxford Dictionary of Quotations*（Elizabeth Knowles, 2014）
- *The Daily Book of Positive Quotations*（Linda Picone, 2008）
- *Geary's Guide to the World's Great Aphorists*（James Geary, 2006）
- *Political Shorts*（Glenn Liebman, 1999）
- *Random House Webster's Quotations*（Leonard Roy Frank, 1999）
- *The Macmillan Dictionary of Contemporary Quotations*（Jonathon Green, 1996）
- *Simpson's Contemporary Quotations*（J.B. Simpson, 1996）
- *Dictionary of Insulting Quotations*（Jonathon Green, 1996）
- *Dictionary of Sports Quotations*（Barry Liddle, 1987）
- *Quotations for Speeches*（John Daintith, 1987）
- 『現代英語ことわざ辞典』戸田豊〔編著〕、リーベル出版（2003）
- 『オックスフォード 英語ことわざ・名言辞典』ジェニファー・スピーク／澤田治美〔監訳〕、赤羽美鳥・杉山正二〔訳〕、柊風社（2017）

- 『世界毒舌大辞典』J・デュアメル／吉田城〔訳〕、大修館書店（1988）
- 『ロングマン 英語引用句辞典』G・F・ラム／横山徳爾〔訳〕、北星堂書店（1987）

■著者紹介

里中哲彦（さとなか・てつひこ）

　河合文化教育研究所研究員（「現代史研究会」主宰）。河合塾英語科講師、早稲田大学エンクテンションセンター講師。早稲田大学政治経済学部中退。評論活動は、ポピュラー音楽史、時代小説、ミステリー小説、英語学など多岐にわたる。

　著書に『激論！ 英文法』（プレイス）、『教養として学んでおきたいビートルズ』（マイナビ新書）、『はじめてのアメリカ音楽史』（ちくま新書）、『鬼平犯科帳を極める　ザ・ファイナル』（扶桑社）、『黙って働き笑って納税』（現代書館）、『スペンサーという者だ　ロバート・B・パーカー研究読本』（論創社）、訳書に『名言なんか蹴っとばせ』ジョナソン・グリーン（現代書館）、『ねこ式人生のレシピ』ミネット・ヴァレンタイン（長崎出版）、『1日1分半の英語ジョーク』（宝島文庫）など多数。

アフォリズムの底力（そこぢから）
―― 英語（えいご）で味（あじ）わう世界（せかい）の名言（めいげん）・放言（ほうげん）・大暴言（だいぼうげん）438

2020 年 12 月 10 日　初版印刷　　　　　　　2020 年 12 月 20 日　初版発行

編 著 者	里 中 哲 彦
発 行 者	山 内 昭 夫
発　　行	有限会社 プレイス
	〒112-0002 東京都文京区小石川 5-24-11-206
	電話　03（3814）6742
	URL　http://www.place-inc.net/
印刷・製本	中央精版印刷株式会社

カバーデザイン／パント大吉（オフィスパント）
本文イラスト／杉本綾子
本文DTP／Aria
©Tetsuhiko Satonaka / 2020 Printed in Japan
ISBN 978-4-903738-45-1
定価はカバーに表示してあります。乱丁本・落丁本はお取替いたします。